会社事業承継の実務と理論

会社法・相続法・租税法・労働法・信託法の交錯

山下眞弘 著

法律文化社

はしがき

　近年、団塊世代の交代時期にあたって事業承継の問題が注目を集めており、現在、これに関する法制度改革の最盛期でもあります。とりわけ2014（平成26）年会社法改正が実現し、民法（財産法・相続法）の改正も実現に向け議論が活発化するこの時期を前に、実務界では改正法に基づいた新しい実務書や理論書の刊行が待たれるところです。ノウハウ類の実務書は相当数刊行されてきた現状をみまして、本書は、単なる一般向けの実務解説にとどまらず、研究者および大学院生の読者層にも読まれる理論書として、また弁護士、司法書士、行政書士、公認会計士、税理士、社会保険労務士等の実務専門家をはじめ、企業法務部の方々も対象とした書物としても、幅広く読まれることを想定した理論実務書を目指しております。

　著者のライフワークである会社法上の諸制度（事業譲渡、会社分割等）を柱に、相続法および労働法上の諸問題を総合的に理論と実務の両面から解説し、あわせて信託法上の諸問題や租税法にも言及した書物は、ほかにあまり例がなさそうです。本書は労働法、相続法、租税法等の研究者や実務専門家の意見も参考にしております。事業承継法の総合的な検討は、中堅若手の弁護士との勉強会でも継続してきました。労働問題については、第一線で活躍中の実務家・研究者による中小科研研究会の「労働法と会社法の対話」での議論の蓄積もあり、また労働委員会の公益委員として多数の事案処理をした実務経験も踏まえてあります。相続法につきましても、私法学会での最新の議論を反映させてあり、幅広い読者層の知的欲求を満たすとともに、実務上の問題解決にも資する内容の書物と確信しております。

　本書は、基本的に近年執筆した諸論文をベースとしつつも、その後の最新情報に基づき、その構成と内容は大幅に入れ替え、さまざまな読者の求めに対応できるよう実践向けに書き換えてあります。本書は多数の研究論文や学術書・実務書を参照して執筆しましたが、実務に直接影響する判例・学説を基本にし、個別文献の詳細な引用は省かせていただき、諸説の主な対立点を示すにと

どめました。さらに読みやすくするため、各章の冒頭に〈要旨〉を簡潔に示し、その末尾に〈参考文献〉を掲げてあります。

　本書は原稿ゲラの段階から、多くの方々にご意見を寄せていただきました。とりわけ宇仁美咲弁護士（岡本正治法律事務所）には、豊かな実務経験をもとに全体にわたって大変有益な指摘をいただきました。大阪大学（山下ゼミ）出身の弁護士からは、読者として有意義な感想を寄せてくれました。さらに、新進気鋭の実務家からのご意見も踏まえてあります。なお、本書の刊行にあたりましては、法律文化社編集部の皆さんに大変お世話になりました。特に企画から編集まで執筆者とともにアイデアを出しあい、執筆者を励ましてくださった編集部の舟木和久さんに心より感謝したいと思います。

　2017（平成29）年1月

山　下　眞　弘

目　次

はしがき

第1章　相続と中小企業の事業承継 ――――――――― 1
――実務上の留意点と法務

1　はじめに ･･ 1
2　事業承継とは ･･･････････････････････････････････････ 2
　（1）準備は早めに　2
　（2）承継の方法　2
　（3）承継を進める際の注意事項　3
　（4）後継者や関係者への働きかけ　4
　（5）親族外の役員や従業員に承継　4
　（6）社内に後継者がいない場合　5
　（7）M&Aを行うと役員はどうなるか　5
3　株式相続による事業承継 ････････････････････････････ 5
　（1）会社法106条の趣旨　6
　（2）何が問題となるのか　6
　（3）後継者への株式承継の方法と留意点　7
　（4）非公開会社の株式評価　8
4　相続による支配権剥奪を防ぐ方法 ･･･････････････････ 8
　（1）このような事態を防止する方法　9
　（2）名義変更について留意すべき事項　10
5　資産を譲渡する場合の注意点 ･････････････････････ 10
　（1）売買や生前贈与　10
　（2）遺言や死因贈与　11
　（3）遺言書の種類と留意点　11
　（4）遺言執行者の履行代行（復任権）　11

6 その他の留意点 ………………………………………………………… 12
　（1）　後継者は保証人になる義務があるか　12
　（2）　事業承継に要する費用　12
　（3）　複数の子どもに会社を承継させる方法　13
　（4）　事業承継対策を講じていなかった場合の対策　13

7 信託による事業承継 …………………………………………………… 14
　（1）　遺言による事業承継の問題点と限界　14
　（2）　信託制度　14
　（3）　信託による解決　14
　（4）　信託と課税　15
　（5）　信託登記の目的　15
　（6）　一般社団法人を通じた信託の活用例　15
　（7）　受託者の資格要件　16
　（8）　事業信託　16

8 事業承継と税制 ………………………………………………………… 16
　（1）　自社株の相続・遺贈・生前贈与　16
　（2）　相続時精算課税と遺留分　17
　（3）　非上場株式の譲渡と税　18

9 事業承継と労働者の処遇 ……………………………………………… 21
　（1）　何が問題か　21
　（2）　事業譲渡の場合　22
　（3）　会社分割の場合　22

第2章　事業譲渡に関する会社法規制 ────── 24

1 事業の譲渡等 …………………………………………………………… 24
　（1）　会社法467条以下の規制内容　24
　（2）　事業譲渡の特性──合併・会社分割とも比較して　25
　（3）　事業譲渡の解釈問題　25

2 事業譲渡の承認 ………………………………………………………… 25
　（1）　会社法467条の趣旨　25
　（2）　事業の譲渡・譲受け　26

（3）　事業の全部譲渡と重要な一部譲渡　28
　　（4）　事業譲渡の解釈問題　32

3　事業譲渡等の承認を要しない場合 ──────────── 35
　　（1）　会社法468条の趣旨　35
　　（2）　略式事業譲渡──特別支配会社　36
　　（3）　簡易事業譲受け──小規模譲受けの特例　36

4　反対株主の株式買取請求制度 ────────────── 37
　　（1）　会社法469条の趣旨　37
　　（2）　買取制度の新しい機能　38
　　（3）　新旧2種類の価格算定基準　38
　　（4）　平成26年改正による買取請求後の撤回規制　39
　　（5）　略式事業譲渡・簡易事業全部譲受と買取請求排除　40

5　株式の価格決定 ─────────────────── 41
　　（1）　会社法470条の趣旨　41
　　（2）　公正な価格としての株式評価　42
　　（3）　裁判所による「公正な価格」の解釈　42
　　（4）　買取価格決定前の支払制度　43
　　（5）　買取の効力発生時点の変更　44

第3章　事業の重要な一部譲渡 ─────────── 46

1　本章の目的 ───────────────────── 46

2　事業譲渡の意義 ─────────────────── 47
　　（1）　組織的財産と事実関係　47
　　（2）　最高裁判決の解釈　48

3　会社分割と事業性 ────────────────── 49
　　（1）　制度創設時における会社分割の対象　49
　　（2）　会社法における会社分割の対象　50
　　（3）　会社分割と競業避止義務　51

4　事業の重要な一部の基準 ──────────────────── 52
　　（1）　会社法制定前の議論　52
　　（2）　会社法における量的基準と質的基準　54
　5　今後の課題 ──────────────────────────── 58

第4章　会社分割・事業譲渡の接近化 ──────── 60

　1　本章の目的 ──────────────────────────── 60
　2　会社分割と事業譲渡 ────────────────────── 61
　　（1）　事業譲渡における事業性　61
　　（2）　判例における事業譲渡の意義　62
　　（3）　会社分割制度の創設　62
　3　会社分割と事業性の要否 ──────────────────── 64
　　（1）　創設時における会社分割の対象　64
　　（2）　会社法における会社分割の対象　64
　　（3）　事業性の要否をめぐる議論　65
　4　事業譲渡に係る法規制と会社分割 ────────────── 66
　　（1）　会社分割と競業避止義務　66
　　（2）　会社分割と商号続用者責任　67
　　（3）　会社分割と「債務の履行の見込み」　69
　　（4）　会社分割の当事会社　69
　5　機能接近化と実務上の課題 ───────────────── 70
　　（1）　事業譲渡に係る規制の類推適用　70
　　（2）　詐害的会社分割に関する会社法改正法案と事業譲渡　71
　　（3）　労働契約承継の効力　71
　　（4）　新しい法制の動向　72

第5章　商号続用責任規制の解釈論と立法論 ─────── 73

　1　何が問題なのか ──────────────────────── 73
　　（1）　譲渡会社の商号続用と譲受会社の無限責任　74

（2）企業再建と第二会社方式の活用　74
　　（3）事業譲渡と会社分割の意義　75
2　会社法22条1項の立法趣旨 76
　　（1）本条導入の経緯　76
　　（2）これまでの本条の趣旨説明　76
　　（3）本条2項・3項の趣旨　78
3　最近の関連裁判例 79
　　（1）商号と屋号の続用　79
　　（2）譲渡会社の略称を商号の一部に用い標章も用いた最新事例　80
　　（3）債権者の主観を不問とした事例　82
4　商号続用基準か詐害性基準か 83
　　（1）学会で提案された新基準　83
　　（2）詐害性基準の問題点　84
　　（3）商号続用責任規制の混乱原因　84
5　詐害事業譲渡規制の新設 85
　　（1）平成26年改正と商号続用責任規制　85
　　（2）解釈論の限界　85
　　（3）立法論の検討　86

第6章　会社分割における債権者保護 ———— 88
——平成26年会社法改正前の議論

1　本章の目的 88
2　最高裁平成24年10月12日判決の評価 89
　　（1）本判決の要旨　89
　　（2）本判決の意義　90
　　（3）本判決の評価　91
　　（4）近年の下級審の立場　92
3　民法上の詐害行為取消と法人格否認の法理 93
　　（1）詐害行為取消権の法的性質　93
　　（2）詐害行為取消と法人格否認の法理の適用関係　94
4　会社法改正要綱と民法改正中間試案の関係 95

viii

 （1）　要綱による規制　95
 （2）　要綱の趣旨　96
 （3）　民法改正中間試案による詐害行為取消規定　97
 （4）　民法改正中間試案と会社法改正要綱の適用関係　99
5　今後の課題 ··· 101

第7章　株式・現金・預貯金・国債・投信受益権の相続 ― 103

1　会社法と相続法の対話 ··· 103
 （1）　会社法106条の法意　103
 （2）　本章の検討課題　104
 （3）　相続法との対話　105
2　遺産共有の性質論——共有・合有論の意義 ····················· 106
 （1）　株式共有の特殊性　106
 （2）　共有説・合有説に共通の問題　106
 （3）　合有説の実質的意義　107
3　現金・預貯金・国債・投信受益権の相続 ······················· 107
 （1）　現金　107
 （2）　預貯金（金銭債権）　108
 （3）　国債・投資信託受益権　111
4　相続株式の準共有——支配権の争奪 ······························· 114
 （1）　当然分割の立場　114
 （2）　準共有（判例・通説）の立場　115
 （3）　実質論からする検討　116
 （4）　相続法理と事業承継の視点　117
5　遺産分割協議による解決と実務 ···································· 119

第8章　非公開会社の株式相続と会社法 ―――――― 121

1　はじめに——相続法と会社法の交錯 ······························· 121
2　株式相続の効果——共有か当然分割か ···························· 123

（1）準共有とする立場　123
　　（2）当然分割とする立場　124
　　（3）準共有か当然分割か　125
　　（4）相続法理の視点　126
 3　権利行使者の権限とその指定方法　126
　　（1）権利行使者の権限に制約があるか　128
　　（2）権利行使者の指定──全員一致か過半数か　129
　　（3）議決権の不統一行使　133
　　（4）会社法制定後の参考判例　135
 4　会社側からの権利行使の認容　136
　　（1）判例の立場と評価　137
　　（2）会社法106条但書の適用範囲　137
　　（3）違法状態の是正と議決権行使　138
　　（4）会社法制定後の参考判例　139
 5　おわりに──円滑な事業承継の実現　142
　　（1）経営承継円滑化法の活用　142
　　（2）相続人に対する株式売渡請求　142
　　（3）株式相続と事業承継　143

第9章　事業譲渡・会社分割と労働契約　145

 1　何が問題なのか　145
 2　事業譲渡と労働契約の承継　146
　　（1）事業譲渡の意義　146
　　（2）事業譲渡と労働契約の承継　147
　　（3）事業譲渡と労働契約承継に関する原則論　149
　　（4）原則論への批判と解決の方向　150
 3　会社分割と労働契約の承継　151
　　（1）会社法における会社分割の対象　151
　　（2）日本IBM事件最高裁判決　152
　　（3）判決の評価　155

4　解決の方向 —————————————————————————— 159
（1）　会社法における労働者の位置づけ　159
（2）　会社分割における労働者保護　160
（3）　労働契約承継法の類推適用　161
（4）　事業譲渡に係る「原則非承継説」からの反論　162

5　おわりに ——————————————————————————— 163
（1）　今後の課題　163
（2）　労働契約承継法に係る規則・指針の改正　164
（3）　改正後の実務対応　164

第10章　事業承継と信託の活用 ———————————— 166

1　信託の活用 ————————————————————————— 166
（1）　遺言代用信託　166
（2）　他益信託　169
（3）　後継ぎ遺贈型受益者連続信託　170

2　信託活用と民法 ——————————————————————— 172
（1）　相続財産・遺留分算定基礎財産　173
（2）　遺留分減殺請求の対象、相手方および効果　174

3　信託活用と会社法 —————————————————————— 175
（1）　スキーム1　175
（2）　スキーム2からスキーム4　175

4　会社法との関係で生じる議論 ————————————————— 175
（1）　自益権と共益権の分属　175
（2）　非公開・中小会社の場合　176
（3）　公開・上場会社の場合　176
（4）　実質的理由の補足　177

索　　引

凡　例

会社法の条文は条数のみ表記する。
その他の法令については、以下のように略記する。
会社法施行規則：会施規
商法：商
民法：民

第1章　相続と中小企業の事業承継
——実務上の留意点と法務

> 《本章の要旨》
> 　本章では、中小企業の事業承継をめぐり注意すべき実務上の留意点と法的な諸問題につき、相続法、経営承継円滑化法、会社法、信託法、租税法さらには労働法の視点から、実務に役立つ最新の情報を実践的に解説します。税理士研修など各種研修でも扱うような内容を幅広く概観したうえで、本章で扱った内容の立ち入った理論上の議論は、次章以下で詳細に取扱います。

1　はじめに

　相続においては、円滑な事業承継を実現する上でさまざまな支障があります。争いを避けるために、創業者が「公正証書遺言」の制度を活用すればよいのですが、相続争いは起こらないと信じ込んでいる例が目立ちます。さらに遺言によったとしても、厄介なことに「遺留分」侵害の問題は避けられません。この遺留分請求への対策として「中小企業における経営の承継の円滑化に関する法律」（以下、「経営承継円滑化法」と称する。）による「民法特例」もありますが、その特例の適用条件が厳しく（同法4条）、現在、「遺留分制度の見直し」も具体化しつつあります。さらに、遺言に内在する限界として、子から2代目の孫へ相続させるように指定することまではできないという難点もあり、これを克服する制度として「信託制度」もありますが、これは発展途上にあり、まだ十分普及するには至っておりません。

　経営権の奪い合いは、中小会社に特有の事象ではなく、特に同族的な会社であれば、大企業でも華々しく起こっています。いずれも、経営権引き渡しのタイミングに問題があり、創業家が会社を私物化しているようにも見受けられる点で共通しています。会社は公の存在であり、創業者個人の所有物ではないはずですが、苦労して会社を育ててきた創業者の感情としては理解できます。

事業承継の形態としては、①親族内承継のみならず、②親族外の従業員などが承継する事例もあり、③事業売却である事業譲渡や会社分割などM&Aの世界もあります。事業譲渡や会社分割によって事業を他社に移す場合には、もとの職場で働いていた労働者の処遇も深刻な問題となります。会社法上、労働者の同意を要しないとはいえ、労働争議は事業承継にとって大きな障害となります。これは「会社法と労働法」の交錯する問題です。

本章では、「相続法と会社法」の交錯する課題を中心に、事業承継全体を見渡した上で、労働法、信託法、租税法まで幅広く、特に実務に役立つことを意識して実践的な解説を試みるとともに、具体例を挙げて事例検討も行います。実務と理論の各論については、本書の*第2章*以下で詳細に解説します。

2 事業承継とは

(1) 準備は早めに

承継の対象となるのは、①事業用の資産、②役員、従業員など、③顧客、取引先、④商品、ノウハウです。会社の経営理念、事業の存在意義を具現したものが、その事業が扱う商品であり、事業用資産であり、従業員であり、その商品やサービスを利用する顧客であり、これらをトータルで承継するのが事業承継であり、いわば「経営理念」の承継といえます。

事業承継には、承継する意思と能力のある人（後継者）が必要です。現時点で、後継者がいない場合は、後継者の養成が必要になります。また、相続税や株式取得のために資金が必要となり、事前の十分な対策が必要です。そこで、後継者の養成、資金の準備、関係者への周知などを考えると、5年ないし10年くらいの時間がかかります。事業承継の対策は、早めのスタートがよいでしょう。

(2) 承継の方法

事業承継の方法として主として3つの手法がありますが、中小企業の事業承継者に変化が見られ、20年ぐらい前では親族内承継が主流でしたが、近年では親族外が過半数と逆転しています。今後はM&Aも注目されます（事業引継ぎ支援プロジェクトマネージャーからの情報について、宇野俊英「M&Aを活用した事業

承継の実際」銀行法務21・804号4頁（2016年）参照）。中小企業におけるM&Aの手法としては、実務上の手続の簡便さも重視しますと、株式譲渡、事業譲渡、そして会社分割が中心となります（弁護士による最近の分析として、髙井章光「M&Aを利用する場合の法的問題」銀行法務21・804号11頁（2016年）参照）。

① 親族内承継
　・メリット　　：内外の関係者らの受入れやすさ、準備のしやすさ
　・デメリット　：経営の能力や意欲がない場合があること
　　　　　　　　　複数の相続人間のバランスをとるのが難しい場合があること

② 親族外承継
　・メリット　　：候補者を広く探しやすいこと
　・デメリット　：親族関係者らの納得が得にくいこと
　　　　　　　　　株式の取得のための資金の確保が難しいこと

③ M&A
　・メリット　　：候補者を広く対外に求めることができること
　　　　　　　　　高く売って売却益を確保できること
　・デメリット　：売却の条件の一致が困難な場合があること
　　　　　　　　　経営の一体性を確保するのが難しいこと

（3）承継を進める際の注意事項

「経営権」を確実に承継させることが最優先です。そのためには、議決権の3分の2以上を押さえておく必要があります。後継者以外の相続人の「遺留分」、税金対策（贈与税、相続税）、業界規制などにも注意を払っておく必要があります。そして、承継を進めていく上で、以下の4つのことを意識しておく必要があります。

① 事業の魅力を高めること

後継者に事業を承継しようという意欲をもってもらうためには、事業の魅力を高めておくことが必要です。

② 株式の評価

親族内承継では、株式の買取費用や相続税のことを考えて、株式の評価を下げておくことが望まれますが、M&Aの場合には、株式の評価を上げるよう早期に方針を立てておく必要があります。

③ 承継のタイミング

いつ後継者にバトンタッチするのか、承継する時期の何年前に後継者を公表するのか、後継者を教育するのにどれくらいの時間がかかるのかなどを意識して、スケジュールを考えておく必要があります。

④ 負債の処理

事業承継する際には、金融機関から後継者に保証を求められるので、できるだけ負債を減らしておく必要があります。

会社の現状をよく把握した上で、何を、いつ、どのように、実施していくかスケジュール化していきます。事業承継計画は、事業承継の視点から現状の課題を抽出し解決するために作成します。主に承継時期、経営理念、ビジョン、目標数値、後継者育成と関係者の理解、地位と財産の承継等について検討します。

（4） 後継者や関係者への働きかけ

事業承継には、後継者の教育と関係者の理解が不可欠です。単に子どもだからという理由では、従業員や取引先の理解を得難く、顧客離れを生じる可能性があります。会社の経営者として、経営能力だけではなく、組織のトップとしてのリーダーシップ力、先見性、財務に関する知識などのスキルを高めるとともに、「経営理念」を承継しておく必要があります。

また、後継者以外の親族の理解を得た上で、役員・従業員、社外への発表のタイミングを計りながら、準備を進めていく必要があります。タイミングを誤ると時期早尚と評価され、事業承継が頓挫してしまう可能性もあります。

（5） 親族外の役員や従業員に承継

親族外の役員や従業員に承継させる方法としては、役員や従業員に株式を譲渡する方法があり、前者はMBO、後者はEBOと称されます。①まず、株価の算定を行い、②次に、資金調達方法を考え、③最後に株式譲渡に関する契約の内容などを考えます。役員や従業員に株式買取りの資金が十分にない場合は、①事前に役員や従業員の報酬・給与額を上げておくことが考えられます。これだけでは不足すると思われる場合には、②公的な融資制度の利用や、金融機関からの資金調達も検討します。③事業の収益性や将来の成長性が見込まれれば、投資ファンドからの出資を得られる場合もあります。

（6） 社内に後継者がいない場合

　M&Aによって、株式を第三者に譲渡することが考えられます。M&Aによって事業承継する場合には、①株式譲渡、②事業譲渡、③合併などがあります。①による場合は、社名も変わりませんし、許認可にも影響しません。そして、他の方法と比べて、手続が簡単であり、迅速に行うことができるため、中小企業ではこの方法を利用することが一般的に多いようです。②の場合は、会社の個別資産を譲渡の対象とするため、債務を自動的に引き継ぐということはありません。しかしながら、許認可を要する事業においては許認可を引き継ぐことができません。さらに、従業員を引き継ぐには、従業員の同意が必要とされているなど手続が煩雑になります。③「合併」は包括承継であることから、会社の有形・無形の資産および負債まで引き継いでしまい、売り手の潜在債務、簿外債務などを引き継いでしまうリスクがあります。

（7） M&Aを行うと役員はどうなるか

　役員については、「株式譲渡」の場合、当然には退任にはなりません。しかし、議決権の過半数を取得した承継会社はいつでも役員を株主総会の普通決議で解任することができます。「合併や事業譲渡」によった場合は、承継会社の役員として選任されなければ、承継会社の役員になることはできません。

　なお、従業員について、「株式譲渡や合併」の場合には、当然に雇用関係が維持されます。これに対し、「事業譲渡」の場合は、当然には雇用関係は承継されないため、新たに承継会社と雇用契約を締結する必要があり、そのためには従業員の同意が前提です。したがって、契約書に雇用条件についての条項を設け、雇用を維持し雇用条件も変更しない旨を記載しておくと、トラブルが防止できるでしょう。

3　株式相続による事業承継

　株式は、相続開始により、相続人が相続分に応じて「準共有」（共有）することとなります。この場合、相続人間の意向が対立すると、議決権が行使できなくなる可能性があります。したがって、経営者は、株式が準共有になることで生じる不都合さを回避するために、予め生前贈与や遺言等の形で保有する株

式を承継しておく必要性があります。

（１） 会社法106条の趣旨

相続の場合に限らず、一般に株式の共有は会社法で認められています。しかし、共有の場合は、そのままでは権利行使ができず、共有者は権利行使をする者１人を定めて、会社に通知することが要件とされています。これは、会社の事務処理の都合です。したがって、会社が同意すればこの限りでないと規定されています。

そこで、共有者が権利行使者を定めればよいのですが、共有者間で権利行使をめぐって争いが生じたときにどうするかが問題となり、特に、相続の結果、株式の共有状態が生じた場合に、相続人の間で会社支配権の奪い合いが起こり、権利行使者の決定が困難になりがちです。

（２） 何が問題となるのか

共有者の全員一致で権利行使者が決まらないとき、持株数の多数決で決定してもよいか。全員一致が要件となると、いつまでも権利行使者が決まらないという問題があります。しかし、多数決でよいとすれば、少数派の権利が保護されないという問題も生じます。そこで、会社が特定の者を権利行使者と認めることができるかどうかが問われ、もし、会社の任意で権利行使者を決められるとなれば、同族の中小会社では、会社＝代表者＝相続人の１人、という構図になっていることが多いため、代表者でない相続人の意向が反映されない不公平な結果となることが予想されます。相続は公平性が求められますが、他方で事業承継の合理性も必要とされるので、このような取扱いは避けなければなりません。

株式の相続問題は相続法の支配する領域に属しますが、とりわけ中小の非公開同族会社については、会社支配権の争奪に関わる問題となります。法定相続人の遺留分割合が小さくないことから生じる問題もあり、事業承継は農地相続と類似する側面もある点を考慮すれば、事業を承継する相続人について特例措置を設けるなど特段の配慮をすべきでしょう。

事業承継については単独相続が望ましく、その意味でも相続株式の当然分割という考え方は採用しがたいでしょう。とはいえ、株式共有の立場をとって遺産分割制度によるとしても、事業（非公開株式）の金銭的評価が容易でなく、

これは現行の家庭事件の手続には馴染まず、その手続の中で事業承継者を決めるのは至難の業といえます。

なお、株式だけでなく営業用資産についても、細分化を避けて事業を承継する者に支障のないような分割が遺産分割の審判等でも試みられているようで、経営の継続が不可能になるような分割は合理的でないとされており、家族法の専門家の間でもこの問題は相続法が抱える大きな問題と認識されています。そこで、現行法の枠内で考えられる究極の解決策は、株式や経営資産を事業承継者に確実に集中させる内容の「公正証書遺言」を作成することです。しかしそれにも現実問題として限界があり、現行民法を前提とする限り法定相続人の「遺留分」の侵害はできず、立法論として事業継承のためであれば「民法特例」を待つまでもなく、遺留分制度の見直しによって対処することも相続法の課題となります。全く経営にも携わったことのない者が、経営支配権を奪取する目的で相続権を主張し、永年育んできた事業を崩壊に至らしめるような事態は避けなければなりません。

(3) 後継者への株式承継の方法と留意点

株式を後継者に承継させる方法としては、生前贈与と遺贈があります。

「生前贈与」は、特別受益として、遺留分算定の基礎財産として算定される可能性があります。また、贈与税についても検討しておく必要があります。遺言による「遺贈」の場合にも、遺留分に注意する必要があります。

民法特例を活用すると、後継者を含めた現経営者の推定相続人全員の合意の上で、現経営者から後継者に贈与等された自社株式について、①遺留分算定基礎財産から除外（除外合意）、または、②遺留分算定基礎財産に算入する価額を合意時の時価に固定（固定合意）をすることができます。しかしながら、推定相続人全員の合意を得ることは現実的に困難であるため、民法特例が活用できる場面は限定的といえます。

そこで、民法上、遺留分を有する相続人が、被相続人の生前に自分の遺留分を放棄することによって、相続紛争や自社株式の分散を防止することができます。しかしながら、遺留分を放棄するには、各相続人が自分で家庭裁判所に申立てをして許可を受けなければならず負担が大きいこと、また、家庭裁判所による許可・不許可の判断がバラバラになる可能性があることなどから、株式の

分散防止対策としては利用しにくいといえます。

（4） 非公開会社の株式評価

上場会社は株式市場での株価という客観的指標がありますが、株式を公開していない閉鎖会社の株式（非上場株式）については、会社の規模、業容、資産、収益力その他企業評価の基準となる諸要素が千差万別で、その評価方法が確立しておりません。株価算定方式には、①収益還元方式および配当還元方式、②類似業種比準方式、③純資産価額方式などがあります。しかし、それぞれの株価算定方式は企業の一面だけ捉えて株式の時価とするものにすぎず、非上場会社の多様性を直視しますと、ある特定の算定方式をもって全ての会社の客観的かつ合理的な株価を算定するには無理があります。そこで、これらの方式のいずれによるべきかは、各会社の収益・配当・資産の状態、発行株式数、持株割合その他を勘案して決めざるをえず、評価を確定することが困難な状況です。したがって、相続した株式の株価評価が争いのもととなり実務上も深刻な問題となります。

これは非上場株式に限ったことではなく、それに類似する「医療法人」や中小企業協同組合などの持分評価をめぐっても、脱退者に対する持分払戻額の計算に際して同様に問題となります。その状況については、これに関する意見書・鑑定書の実例も参考となります（河本一郎・濱岡峰也『非上場株式の評価鑑定集』（成文堂、2014年）106頁参照）。たとえば医療法人についても、出資持分の評価方法に絶対的基準はあり得ず、強いていえば比較的客観性のある「時価純資産評価方式」をもとに、可能な限り当事者を納得させうる評価方法を選択する他ないということになるでしょう。

4　相続による支配権剥奪を防ぐ方法

定款に「相続人等に対する売渡請求」に関する規定を設けておくと、経営者が亡くなったときに、少数派株主が株主総会を招集して、死亡した経営者の相続人が承継した株式について、会社が売渡請求をして半強制的に買取ってしまうことが可能になります。そのわけは、相続人に対する売渡請求の場面では、当該相続人は株主総会で議決権を行使することができないと定められているこ

とによります（175条2項）。議決権がない理由は、相続人は利害関係人だからということです。その後、少数派株主が、新しい役員を選任したり、会社を第三者に売却したりすることが考えられます。大株主の相続人にとって、このような定款規定は困りものです。

（1） このような事態を防止する方法

① 生前贈与

経営者が、生前に保有する株式をすべて相続する後継者に贈与しておく方法です。これによって、相続人に対する売渡請求を回避することができます。

② 持株会社の設立

経営者の生前に、保有する株式を現物出資して持株会社を設立して、経営者は持株会社の株式を保有します。これによって、相続人に対する売渡請求を回避することができます。

③ 経営者の株式の譲渡制限を外す方法

相続人に対する売渡請求は譲渡制限株式に対してのみ行うことができるので、会社を種類株式発行会社にして、経営者の株式の譲渡制限を外しておくことで、相続人に対する売渡請求を回避することができます（174条）。

④ 取得条項付株式

経営者以外の少数派株主の普通株式について、経営者の相続開始時に少数派株主の株式を会社が取得することができるという取得条項付株式に転換しておく方法です。ただし、普通株式を取得条項付種類株式とする場合には、当該種類株主全員の同意が必要となります（111条1項）。

⑤ 完全無議決権株式

経営者の生前に④ができなければ、すべての普通株式につき全部取得条項付種類株式を経由して完全無議決権株式に転換し、同時に経営者には別途普通株式を発行しておく方法です。

⑥ 黄金株

経営者の生前に、後継者に「譲渡制限付拒否権付種類株式」（黄金株）を発行しておく方法です。後継者が黄金株を保有していれば、相続人に対する売渡請求に関する株主総会とは別に種類株主総会の決議が必要となるため、この種類株主総会の決議によって売渡請求決議を拒否することができます。

なお、出資をせずに名義上株主となっている「名義株」がある場合は、創業時の事情をよく知っている経営者が存命のうちに、交渉して名義変更しておくべきです。経営者の存命中に名義を変更しておかないと、名義株主に相続が発生するなどして、権利関係が複雑になることがあります。

（２） 名義変更について留意すべき事項
① 名義株主の承諾が得られる場合
名義変更に応じる旨の確認書を交わした上で株式の名義を変更します。贈与税が課される可能性があり注意が必要です。
② 名義株主の相続人の承諾が得られる場合
株主総会の特別決議を経ることで、会社が名義株を取得することが可能です。
③ 名義株主の承諾が得られない場合
定款で「相続人に対する売渡請求」の制度を設けておくことで、会社が対価を支払って名義株を取得することができます。

5　資産を譲渡する場合の注意点

（１） 売買や生前贈与

まず、経営者が元気なうちに計画的に行う必要があります。万一、経営者の判断能力が低下した場合には、売買や贈与の効力に争いが生じます。次に、売買によって、資産の承継を行おうとすると、後継者に買取資金が必要となります。なお、親族間の譲渡の場合には、譲渡価格を低く設定すると時価との差額が贈与と認定されて贈与税が課される可能性があります。また、このような場合には、「遺留分」の問題が生じることもあります。したがって、不動産の価格については、第三者である専門家に客観的評価を依頼することが望ましいでしょう。

さらに、生前贈与によって、一度に財産を失ってしまうことは経営者にとっては、抵抗があるかもしれません。そこで、贈与契約で、段階的に権利を移転する旨を定めておくという方法が考えられます。ただし、経営者が、突然亡くなるとか判断能力を喪失したような場合には、その後の対応が困難になるというリスクを伴います。なお、生前贈与を行う場合は、「遺留分」に注意すべき

です。

（２） 遺言や死因贈与

　経営者が心身ともに元気なうちに計画的に行う必要があることは、当然のことです。遺言や死因贈与（契約）は、相続開始によって効力が生じるまでは、自由に変更や撤回ができます。後継者としてふさわしくないということが発覚した場合には、変更することができるという点でメリットがあります。

　他方で、①権利関係が安定しない、②遺言作成時には思いもしなかった事態が生じた場合に、経営者の意図したとおりに資産が承継されるか不安定な面がある、③経営者が亡くなるまで経営権を持ち続けることが前提となっているので、経営者の判断能力が低下した場合に、適切な経営判断を行うことができるかという点で不安要素があります。

（３） 遺言書の種類と留意点

　主に自筆証書遺言と公正証書遺言があります。「自筆証書遺言」では、①形式の不備によって無効となる可能性があり、②利害関係を有する者による遺言の隠匿、破棄の可能性があるなどのリスクがあります。また、③家庭裁判所の「検認」が必要であるなど手続も煩雑です。これに対し、「公正証書遺言」であれば、費用はかかりますが、①形式の不備はなく、②隠匿・破棄の可能性もなく、③「検認」手続も不要という点でメリットがあります。したがって、多少の費用を要しても公正証書遺言が安全です。

　遺言書作成のポイントとしては、①すべての相続財産の分割方法を遺言で指定しておくこと、そして、遺言書記載の財産の分割に漏れがないように、「以上に定める財産以外のすべての財産を××に相続させる。」という文言を入れておくとよいでしょう。②遺言執行者を指定しておくこと。相続人の１人を遺言執行者とすることも考えられますが、円滑な遺言執行の観点からは、利害関係者を遺言執行者とすることは避け、専門家を指定しておくのが望ましいでしょう。なお、自筆証書遺言よりも公正証書遺言が安定的であるといえます。

（４） 遺言執行者の履行代行（復任権）

　遺言執行者に代わって職務の全部を引き受けて遺言を執行すること（履行代行）が認められるか。これについては、民法1016条１項が「やむを得ない事由」がなければ、履行代行者の選任は認められないと規定しています。その理

由は、遺言執行者の職務内容は被相続人の意思で決まっており、遺言者との信頼関係を基礎としているので、一身専属的な職務であることによります。したがって、遺言者が遺言で履行代行者の選任を認めた場合は別であると規定しています。しかし、ここまで遺言において明記している例は少ないと思われますので、この点が不明な場合に、執行行為の委託が認められるかどうかは、「やむを得ない事由」にあたるか否かで判断されます。

なお、①遺言者の意思を実現する上で、指定された遺言執行者自身の裁量で行う必要があるものについては、委託（代行）は許されないと考えられますが、遺言執行者の責任において、履行補助者を使用することは差し支えないと判断できます。これに対し、②遺言に従って預金の払い戻しをするような場合は、裁量の余地がないので委託が許されます。いずれにしましても、被相続人の意思に反する行為はできないということになります。

6　その他の留意点

（1）　後継者は保証人になる義務があるか

代表取締役が交代する場合は、一般的に、後継者は金融機関から会社の債務について、「連帯保証人」になるように求められる傾向にあります。したがって、後継者の負担を軽減するためにも、できるだけ会社の債務の圧縮を図っておく必要があります。これに対して、後継者が個人保証や担保の提供をするにあたっては、経営者の個人保証や担保を外してもらうよう、金融機関と交渉すべきです。後継者の資産が十分でない場合は、金融機関は経営者の個人保証や担保の解除に応じない傾向にあり、負債を圧縮しておく必要があります。

（2）　事業承継に要する費用

何の対策もせず相続が発生した場合、後継者が他の相続人から株式や事業用資産を代償金を支払って取得することになるケースが多いため、後継者は代償金を準備しておく必要があります。あわせて、相続税の納税資金も準備しておく必要があります。

また、経営者の存命中に対策を行うとしても、後継者は、会社の支配権を取得するために株式や経営者個人の事業用資産を譲り受けておく必要がありま

す。この場合、多額の贈与税がかかることもあるので、納税資金を準備しておく必要があります。

さらに、経営者個人の信用によって事業が成り立っていた場合は、得意先が離れてしまい資金繰りが悪化する可能性もあるため、会社に十分な運転資金を確保しておく必要があります。なお、親族外承継の場合は、事業を引き継ぐ会社が、株式買取りのための資金を準備しておく必要があります。

（3） 複数の子どもに会社を承継させる方法

複数の子供に株式を承継させるのは、兄弟姉妹間で意向が食い違った場合に、会社が機能不全に陥る危険性があります。その場合は、「会社分割」によって会社を複数に分割して承継させる方法が考えられます。また、会社の本社ビルを、新設した会社に承継させて、不動産管理会社とし、この不動産管理会社の株式を非後継者に100％承継させるという方法も考えられます。

（4） 事業承継対策を講じていなかった場合の対策

経営者が個人的に所有していた事業用不動産は、経営者の死亡によって相続人の共有となり、相続人の1人から共有物分割の請求がなされる可能性があります。遺産共有の解消は、遺産分割協議または調停・審判によります。事業用資産の共有関係の解消方法としては、①会社または後継者が、他の共有者の持分を買取る方法があります。また、②共有物である事業用資産を共有者の同意のもとに会社に現物出資する、もしくは経営者等の持分のみを現物出資するという方法があります。

次に、経営者が、個人で会社に貸付けをしている場合、貸金返還請求権が相続財産となります。そして、非後継者がこの権利を行使すると、会社の債務として顕在化して、たちまち経営を圧迫することも考えられます。また、相続財産として、相続税の対象にもなります。

以上のリスクを回避するために、①生前に売買や贈与を行う方法、②経営者の相続開始に備えて、遺言や死因贈与などで対策を講じておく必要があります。①は確定的に効果が生じる点で安定的な承継ができる点にメリットがあります。これに対し、②の方法は変更や撤回が可能なので、事業承継の面からすると不安定な方法であるといえます。

7 信託による事業承継

(1) 遺言による事業承継の問題点と限界
①形式不備による無効の危険があります。
②遺言者の死後に遺言執行者の懈怠や相続人によって遺言内容が変更される余地があります。
③遺言では第二相続以降の受遺者指定ができないため、遺言によって相続人の子（生まれていない孫）に事業資産を承継させることができません。
④株式を均等に分けた上で経営は特定の子に任せるということも遺言では実現が困難です。

(2) 信託制度
① 信託とは
　契約・遺言等により、特定の者が一定の目的に従い、財産の管理・処分等のために必要な行為をすべきものとする制度です（信託2条1項）。信託に際して財産を拠出（信託）するAを「委託者」、信託を受けて財産の管理・処分等を行うBを「受託者」、信託による利益を受けるCを「受益者」といいます。
　受託者Bは、信託に際して拠出される財産の財産権を取得し、B自身が元から有する「固有財産」とは別に、委託者Aが拠出した「信託財産」を有することとなります。利益を享受する受益者Cは受託者Bに対して、信託に供した「信託財産」の引き渡し等の債権（受益債権）を有し、この「受益債権」およびB等に一定の行為を求める権利をあわせて「受益権」といいます（信託2条7項）。

② 信託の関連当事者
「自益信託」：委託者＝受益者　　「他益信託」：自益信託でない信託
「自己信託」：委託者＝受益者　　「目的信託」：受益者が存在しない信託

(3) 信託による解決
①議決権制限種類株式の代わりに、信託で議決権を後継者に集中できます。すなわち、受託者（株主）に対し議決権行使を指図する権利を後継者（受益者）に付与します。この議決権行使の「指図権」は取引対象でないことから遺留分算

定基礎財産から除外されます。
②委託者の意思を信託目的とし受託者に執行を任せることで、第三者の介入を防止できます。
③信託財産は受託者に移転され管理される結果、確実に執行することができます。
④第二相続以降の受遺者指定も「後（跡）継ぎ遺贈型受益者連続信託」により可能となり、受託者が管理処分できない資産や身分行為等については遺言で対応します。

（4） 信託と課税

　家族内の信託での贈与税課税対象者は「受益者」です。受益者は法的には所有者ではないのですが、経済価値が移転（他益信託の場合）します。そして、委託者＝受益者（自益信託の場合）では贈与税の課税はありません。ただし、法人課税信託では受託者に課税されます。

（5） 信託登記の目的

　信託財産が不動産の場合は、所有権移転登記とともに信託財産であることの登記が必要です。信託財産が受託者の固有財産でなくなるので（倒産隔離）、信託財産であることを明らかにすることで受託者の債権者を保護するためです。

（6） 一般社団法人を通じた信託の活用例

①受託者は法人（特に一般社団法人）にしておくのがよいのです。その理由ですが、受託者が自然人の場合の問題点として、受託者が死亡するとその任務遂行ができなくなるため、新しい受託者を選任することになりますが、その個人的信頼性に不安があります。これに対して、受託者が法人であれば、法人の代表者が死亡しても親族内で代表者の交代を行えばよく、受託者の選任手続は不要となります。そして、財産を預かる法人の役員が複数存在すれば、複数人による牽制機能に期待することができます。
②一般社団法人は持分のない法人で、その出資者オーナーが存在しません。一般社団法人には持分がないため、法人の財産に「相続税」の課税はありません。ただし、個人財産を一般社団法人に移転する際には、個人に譲渡所得税が、一般社団法人に法人税（受贈益）が課されます。
③株式の分散で経営権が曖昧となった場合、一般社団法人を受託者として株式

を信託します。信託財産を株式とする受益権（経済的価値だけの受益権）と議決権行使の指図権に分離し、経営承継者に後者の指図権を付与します。それにより、各株主に相続が発生しても株主は一般社団法人のみということになります。

④後継者が若年で株式を生前贈与したいが経営権付与は時期尚早の場合には、一般社団法人を受託者として自社株式を信託し、経済的価値・受益権だけ後継者に贈与します。議決権指図権は贈与者が保持し、将来的に指図権を移転（評価額ゼロで課税なし）します。

（7） 受託者の資格要件

①個人でも法人でも可能ですが、信用できる相手であることが重要です。
②信託を業としてできるのは、2種類の会社に限定されます。信託銀行（三井住友、三菱UFJ、みずほ等）と信託専業会社です。

（8） 事業信託

①事業の信託は、信託法に定義された用語ではありません。債務の信託はできないため、財産と債務が一体の事業を信託することは不可能ですが、信託契約で委託者の債務を信託設定時から受託者に引受けさせるのは可能です。これによって、実質的に事業を信託したのと同様の状態を作出できると解されています。

②事業承継の場面での事業信託の活用例としては、一定期間、事業運営を受託者に委ね、信託期間満了後、子（受益者）に事業を帰属させることで、未成熟な子が成長するのを待って事業承継を実現できることが期待されます。

8　事業承継と税制

（1）　自社株の相続・遺贈・生前贈与

①　相続・遺贈と税

遺言により自社株を後継者に引き継がせる相続・遺贈の方法があります。この場合、後継者（相続人）には相続税が課されます。

②　生前贈与と税

後継者に生前贈与により自社株を移転するという方法もあります。贈与者個

人から受贈者個人への生前贈与の場合は、受贈者に贈与税が課せられます。

③ 相続税・贈与税の増税

2013（平成25）年度税制改正により、相続税法および租税特別措置法の一部が改正され、2015（平成27）年1月1日から施行されました。その結果、遺産に係る基礎控除額は3000万円×法定相続人の数となりました。さらに、法定相続分に応じた取得金額が6億円超の場合には、最高税率も55％に引き上げられ、贈与税の最高税率も55％に引き上げられました。また他方では、軽減措置もとられています。祖父母や父母など直系尊属から20歳以上の子や孫などへの財産贈与については、その額が年300万円超4500万円以下であれば、租税特別措置法により特例税率が適用され、累進税率が5％〜10％軽減されます。

（2） 相続時精算課税と遺留分

① 相続時精算課税制度

これは、贈与時に贈与財産に対する贈与税を納め、その贈与者が亡くなった時にその贈与財産の贈与時の価額と相続財産の価額とを合計した金額を基に計算した相続税額から、すでに納めた贈与税相当額を控除することにより、贈与税・相続税を通じた納税を行う制度です。すでに支払った贈与税相当額を相続税額から控除しきれない金額は還付を受けることができます。

この制度は、贈与の年の1月1日現在、60歳以上の父母または祖父母が20歳以上の推定相続人または孫に財産を贈与する場合に、財産の贈与をした人ごとに選択することができます。贈与財産の種類、金額、贈与回数に制限はなく、贈与税は、贈与財産の価額から控除する特別控除額2500万円を超えた部分に対して一律20％の税率で計算します。この特例の適用を受けるためには、贈与を受けた年の翌年2月1日から3月15日までの間に、所定の書類を添付した贈与税申告書の提出が必要とされます。

なお、この制度を選択すると、その選択に係る贈与者から贈与を受ける財産に関しては、その選択をした年分以降すべて本制度が適用されます。その結果、途中で暦年課税に変更することはできなくなります。

② 遺留分との関係

相続時精算課税制度を選択すると、相続財産が自社株の場合、相続税の精算については贈与時の自社株の時価を基礎としますが、相続発生時の遺留分減殺

請求の計算に関しては、贈与時ではなく相続時の自社株の時価が基礎とされます。そのため、贈与後に後継者が努力して相続時までに株価が上昇すると、遺留分計算の基礎が大きくなり努力したことが不利な結果となります。このような結果に対処するため、経営承継円滑化法による「除外合意」あるいは「固定合意」が用意されています。

（3） 非上場株式の譲渡と税
① 株主からの任意取得

安定した経営を行うためには、経営者が3分の2以上の株式（議決権）を保有する必要があります。その手段の1つとして、他の株主との合意による任意取得というのがあります。株式の買主としては、後継者個人のほかに、後継者の資産管理会社、従業員持株会、そして、株式発行会社がありえます。これらの者に株式を譲渡した場合について、売主に係る課税関係は以下のようになります。

（ⅰ）買主が株式発行会社以外の場合

個人株主が株式発行会社以外の者に株式を譲渡すると、株式譲渡所得の金額に原則20％課税されます。譲渡で損失が発生すれば、これまで上場および非上場間の損益通算が可能とされてきましたが、2013（平成25）年度税制改正により、2016（平成28）年1月1日以後の譲渡からは、別々の分離課税制度とされるため損益通算ができなくなりました。また、法人株主が株式発行会社以外の者に株式を譲渡した場合には、その譲渡損益は、他の所得と同じく益金または損金の額に算入されます。

（ⅱ）買主が株式発行会社である場合

個人株主が株式発行会社に株式を譲渡すると、その個人株主が受け取る対価は、所得税法上、みなし配当金額と株式譲渡収入金額に区分され、前者は、配当所得として総合課税の対象となり、後者については申告分離課税の対象となります。また、法人株主が株式発行会社に株式を譲渡した場合も、個人株主と同様に区分され、みなし配当金額は、受取配当の益金不算入制度の対象となり、株式譲渡収入金額については、益金または損金の額に算入されます。

② 相続人に対する売渡請求

相続人が相続人等に対する売渡請求（174条）に応じて、発行会社に株式を譲渡した場合には、みなし配当からの除外や相続税額の取得費加算の特例の適用を受けることができます。

③ 特別支配株主からの売渡請求

少数株主が議決権の90％以上を有する特別支配株主による株式売渡請求（179条）に応じて、特別支配株主に株式を譲渡した場合に係る少数株主の課税関係は、他の株主との合意による任意取得の場合のうち買主が株式発行会社以外の場合に関する場合と同様です（詳しくは、内田久美子「事業承継に関わる税制の概要」ビジネス法務2016年9月号101頁参照）。

《事例研究》　自社株承継スキームによる事業承継 ─────

　　以上の基礎知識をもとに、具体例を検討してみましょう。たとえば、「非上場中小企業であるX株式会社の株式（議決権株式、2万株発行）の100％株主で同社の代表取締役Aが事業を長男Bに承継させる場合について検討します。Aの法定相続人にはB以外に子C・D・Eがおり、Aの財産はX社株だけで、A死亡時の価額は2億円（1株1万円）とします。」（この事例は、米田保晴「相続と中小企業の事業承継──自社株承継スキームの概要と今後の課題」ジュリスト1491号48頁（2016年4月）参照）。

（1）　Aが何ら対策を講じないまま死亡した場合（法定相続）

　B・C・D・EはX社株を各4分の1の持分で準共有（民898条以下、264条）します。Bが単独でX社を経営するためには、①持分過半数の同意によってBが権利行使者（106条）とされるか、②遺産分割（民907条）によって、BがX社株の3分の2以上を取得しない限り、円滑な事業承継はできません。仮にX社株100％を相続できたとしても、Bは高額の相続税を納める必要があり（相税11条以下）、これに対処するには、一定の要件を満たすことで非上場株式等相続税納税猶予制度を活用することができます。

（2）　遺贈による場合

　AがX社株の100％をBに遺贈（民964条）することで、法定相続を避けることもできます。しかし、遺留分（民1028条2号）の問題があり、①C・D・Eは各8分の1の権利を有しています。もし、遺留分減殺請求（民1031条）して

きた場合は、②Bが価額弁償（民1041条1項）をしないと、C・D・EはX社株を各8分の1の持分で準共有することになります。そこで、③遺産分割によった場合、C・D・Eは各2500株（2万株の8分の1の割合）取得し、Bの持分比率が3分の2を満たさない結果となります。これに備えて、④遺留分の事前放棄（民1043条1項）の制度がありますが、家庭裁判所の許可が条件となっており、また話し合いがつかない場合があるため、利用しがたいという実態があります。

（3）　生前贈与による場合

遺言の難点を克服するため、AがBにX社株を生前贈与（民549条）することもできます。問題は、生前贈与時の株価がBの経営努力の結果、Aの死亡時に大幅に増加した場合です。たとえば、生前贈与時に1000万円であった株価が死亡時に2億円となったとします。遺留分算定の基礎財産は相続開始時の価値2億円を基準に算定（民1029条1項、最判昭和51・3・18民集30巻2号111頁）されますので、C・D・Eは、各2億円の8分の1を有します。これに対処するため、中小企業経営承継円滑化法がありますが、推定相続人全員の合意が条件となっており、この活用は事実上困難です。

（4）　種類株式を活用するスキーム

Aが生前にX社の定款を変更して、普通株式のほかに完全無議決権株式（108条1項3号）を発行し、Bに普通株式、C・D・Eに完全無議決権株式を遺贈もしくは生前贈与する方法もありえます。以上、信託を活用しないスキームをみましたが、信託を活用する方法もあります。

（5）　信託によるスキーム

①　遺言代用信託

Aが生前に委託者となり、X社株式を信託財産として受託者との間で信託契約をして、Aが当初の受益者となり、A死亡時にBが受益権を取得すると定めます（信託90条1項）。遺言と比べて経営上の空白が生じないし、遺言の効力をめぐるトラブルも心配ありません。ただし、このままでは、C・D・Eが遺留分減殺請求権を行使する心配があります。

それに対処するには、受益権を分割して、議決権等の行使について受託者に指図できる指図権を当初はAが行使し、A死亡後はBのみが行使することにし

て、指図権以外の受益権については、C・D・Eにも各8分の1以上取得させることで、議決権等の指図権をBに集中させることができます。ただし、BはA死亡時に相続税を納めなければなりません。

[図表] 遺言類似株式処分スキームで後継者に事業承継

```
委託者(兼受益者) ⇔(信託契約)⇔ 受託者
                → 株式信託（株主）
                  信託受益権（2つに分離）
                  （議決権指図権と経済的受益権）
委託者死亡後　「経済的受益権」は他の相続人にも分配
↓　議決権指図権を集中
子（後継者）
↓　議決権指図権を集中
孫（後継者）
```

② 後継ぎ遺贈型受益者連続信託

Aが子Bの次の後継者を定めたい場合に、遺贈では実現できないため、信託によって実現します。AがX社株を信託財産として信託を設定し、最初の受益者をBとし、B死亡によりBの受益権が消滅し、次の後継者が新たに受益権を取得する旨を定めることもできます（信託91条）。さらに、C・D・Eの遺留分に配慮し、受益権を分割して、指図権以外の受益権をC・D・Eにも与えて、指図権をすべてBに、B死亡後はBの後継者に取得させるというスキームもあります。そして、C・D・Eの死亡後には、Bの後継者が完全な受益権を取得するということになります。

9　事業承継と労働者の処遇

（1）　何が問題か

事業譲渡や会社分割により事業が「A社からB社」に移された場合に、これまでA社で雇用されていた従業員XはB社に当然雇用されるか、という問題が生じます。これは、労働者の保護を目的とする労働法分野の問題と会社法が交錯する課題です。

事業承継の結果、A社が解散してしまえば、A社の従業員は職場を失うわけですから、B社で雇用を継続することで保護されるということもいえますが、A社の事業の一部だけB社に移した場合は、これまで通りA社で働きたいという労働者の利益も考慮する必要があります。しかし、会社法の目からすれば、

企業再編による合理化が主目的ですから、従業員の運命よりも企業の利益を優先して考えることになります。ここに、両者の利益衝突が生じます。

なお、雇用関係承継の問題ではなく、従業員の未払賃金支払請求の問題であれば、それは一般の債権と同じことになります。Ａ社に対する請求をＢ社にも請求できるかという問題となりますが、Ｂ社が債務引受けをしていない限り、原則として、ＸはＡ社を相手に請求するほかありません。ただし、Ｂ社がＡ社の商号などを続用した場合は、会社法22条あるいは商法17条によって、Ｂ社もＡ社と並んで責任を負うことになります。

（２） 事業譲渡の場合

包括承継の合併と異なって、事業譲渡はＡ社とＢ社の債権契約ですから、労働契約が当然承継されるということにはなりません。民法625条１項で労働者Ｘの同意を条件にして、Ａ・Ｂ両社で決めることになります。Ｂ社がＸを必要としても、Ｘが拒めば雇用することはできないわけですし、Ｂ社が不要といえばＸの雇用は実現できないということとなり、これが原則です。後は、Ａ社による解雇が有効かどうかという労働法固有の問題が生じるだけです。なお、2016（平成28）年４月に、「組織の変動に伴う労働関係に関する対応方策検討会報告書」が公表され、８月には事業譲渡等に関しても労働契約承継に係る指針（新設）が公布されました（報告書については、労働判例1133号（2016年６月15日）94頁参照）。

（３） 会社分割の場合

事業譲渡に類似する会社分割の場合は、「労働契約承継法」（略称）が労働者に異議申立権を認めていますが、この法律には問題もあります。分割対象の事業に属している労働者は原則移転することになり、特に移りたくない労働者の保護が問題となります。会社分割についても、労働契約承継法に係る施行規則・指針の改正がなされ（前掲労働判例1133号参照）、事業譲渡および合併に係る指針（新設）と合わせて、2016（平成28）年９月１日より施行・適用されました（労働法令通信2429号20頁）。

《参考文献》
岸田康雄『信託＆一般社団法人を活用した相続対策ガイド──図解でなっとく！』（中央経済社、2015年）

日本公認会計士協会編『事業承継支援マニュアル』（日本公認会計士協会出版局、2011年）
日本労働法学会編『企業変動における労使関係の法的課題』日本労働法学会誌127号（法律文化社、2016年）
野川忍・土田道夫・水島郁子編『企業変動における労働法の課題』（有斐閣、2016年）
福原哲晃監修／中小企業事業承継・実務研究会編『Q&A 中小企業事業承継のすべて──そのときあわてないための73問』（民事法研究会、2014年）
宮里邦雄・徳住堅治『労働法実務解説9 企業組織再編と労働契約』（旬報社、2016年）
事業承継研究会『事業承継問題の研究』（大阪弁護士会、2012年）
商事法務編『民法（相続関係）等の改正に関する中間試案』別冊NBL No.157（商事法務、2016年）
中小企業庁『信託を活用した中小企業の事業承継円滑化に関する研究会「中間整理」』（2008年）
中小企業庁『中小企業事業承継ハンドブック』（2011年）
中小企業庁『事業承継を円滑に行うための遺留分に関する民法の特例』（2012年）
中小企業庁『事業引継ぎガイドライン〜M&A等を活用した事業承継の手続き〜』（2015年）
中小企業庁『事業承継ガイドライン』（2016年）
東京弁護士会弁護士研修センター運営委員会編『事業承継（研修叢書48）』（商事法務、2010年）

第2章　事業譲渡に関する会社法規制

《本章の要旨》
　本章では、事業譲渡について、会社法ではどのように規制しているかにつき、実務の視点から、極めて詳細に同法467条以下470条までの条文解説をしています。事業は譲渡の対象のほか譲渡担保や賃貸借等の対象にもなります。また事業譲渡は会社分割と類似していますので、それとの比較を中心に合併との関係にも言及します。さらに親子会社間の問題や経済法および労働法との関係でも実務上の問題が生じますので、それらにも言及します。

1　事業の譲渡等

（1）　会社法467条以下の規制内容

　ここでは、事業譲渡の承認手続を要する場合とその例外について規制し、事業譲渡に反対する少数株主を保護する制度として「株式買取請求権」について規定しています。そして、株式の買取価格について当事者間で協議が調わなかった場合に備え、価格決定の手続が定められています。事業譲渡はM＆Aを実現する手段として実務でもよく活用されますが、事業の意義については、必ずしも明確でなく、会社法でもその概念についてまったく規定されていないため、諸説の対立がみられます。しかも、事業譲渡であるにもかかわらず株主総会での承認手続を欠くと事業譲渡の効力が否定され、取引の安全が脅かされるという深刻な事態となります。それを避けるためにも事業譲渡の意義を明確にする必要がありますが、さらに深刻なことは、総会決議を要する「事業の重要な一部」の概念が明確でないことです。会社法では新たに2割基準が設けられたのですが、定款で別の基準を定めることも認められたため新たな難問も生じています。

（2） 事業譲渡の特性──合併・会社分割とも比較して

　事業譲渡と資産譲渡の区別は容易ではありません。移転する対象が判例にいう「有機的一体として機能する組織的財産」であれば事業とされ、原則として譲渡会社の総会特別決議を要し、他方、譲受会社では譲渡会社の全事業を譲り受ける場合に限って特別決議が必要となります。これに対し、「重要な資産譲渡」と認定されれば、それは総会決議ではなく取締役会決議（取締役会設置会社）で足りることとなります。事業譲渡は合併や会社分割とも比較されます。同じく事業が移転するという点で共通点がありますが、合併・会社分割と異なって、事業譲渡は包括承継により権利義務が移転するものではないため、債権者や契約相手方の個別同意がない限り債務も契約関係も移転しないわけです。そこで、たとえば労働契約関係の移転はどうなるかといったことも議論となります。また、現時点では債務ではないが将来債務となりうる偶発債務の処理についても、合併や会社分割と異なり、事業譲渡の場合は承継対象を明確に規定することで偶発債務の遮断が可能となり、これが事業譲渡のメリットでもあるわけです。対価についても、事業譲渡の場合は、合併や会社分割と異なって、譲受会社が自社株を対価とすることは現物出資規制との関係で稀なこととなります。

（3） 事業譲渡の解釈問題

　事業譲渡に関しては、その他の解釈上の議論があります。①長期休業中であっても事業譲渡規制は適用されるのか、②事業の現物出資に対しても事業譲渡規制の類推適用があるのか、あるいは、③事業の譲渡担保についてはどうか、④親子会社間の事業譲渡でも同じ規制に服するべきかどうかといった問題があります。そして、⑤事業譲渡規制に違反した場合の法的効果、さらには会社法の外との関係でも、⑥経済法や労働法との関係、また税制上の問題まで課題は広がりをみせています。

2　事業譲渡の承認

（1）　会社法467条の趣旨

　事業（2005（平成17）年改正前の旧商法では営業）の譲渡等について株主総会の

特別決議が必要とされる規定は、1938（昭和13）年の改正によって設けられました。その後、1950（昭和25）年の改正によって、反対の株主に株式買取請求権が認められ（旧商245条ノ2以下）、また、事業の全部を譲渡しても会社の目的を変更して新事業を行うこともできるので、全部譲渡を解散原因とする規定を削除しました。さらに、事業の一部の譲渡につき「重要な」という文言を追加し、これ以降は会社法の制定まで修正はありません。

なお、旧商法と異なり、会社法では「事業譲渡」の用語が、個人商人には2005（平成17）年改正後の商法でもこれまで通り「営業譲渡」の用語が充てられ区別されています（商16条）。この変更は、他の法制度との用語の統一を図るためですが、個人商人は複数の営業を営むときには複数の商号を用いることができるのに対し、会社は1個の商号しかもちえないため、複数の営業を営んでいても1個の営業として扱うほかないという差異があるので、会社については個々の営業と区別して事業としました。この区別に実質的な意味はありません。したがって、用語の変更によって、従来の解釈に差異は生じないのです。

（2）　事業の譲渡・譲受け

①　事業譲渡の手続

事業譲渡をするには、譲渡会社で取締役による決定または取締役会の決議の後、事業の全部の譲渡の場合、または事業の「重要な一部」の譲渡の場合に、簡易事業譲渡の場合を除いて、その効力発生日の前日までに、株主総会の特別決議を経る必要があります。また、譲渡の対象について個々の移転手続を要し、債権者の個別同意も必要となります。なお、会社法以外にも各種の特別立法による特則があります。

②　事業全部の譲受け

事業の譲受けについては、譲受会社が他の「会社の事業の全部」を譲り受ける場合に限って、譲受会社で株主総会の特別決議を要します。ここでいう会社には、外国会社その他の法人が含まれます。会社の事業譲受けに限定しているため、いかに大規模な事業譲受けであっても、譲り受ける対象が個人企業の事業であれば、譲受会社の総会決議を要しないこととなります。このことから、譲受会社の株主保護に欠けるとの問題点が指摘されてきましたが、この点はそのままにされています。

③　事業全部の賃貸・経営委任・損益共通契約
（ⅰ）事業全部の賃貸借契約
　これは、一定期間中、事業の賃借人が自己の名義と計算で事業の使用・収益を行い、賃貸人にその賃料を支払う契約です（民601条参照）。これにより賃貸会社は賃料を受け取るだけの存在となり、経営困難のため事業を賃貸する場合は、賃借会社の支配下に入ったような関係が生じます。事業全部の賃貸の場合についてのみ（賃貸会社の側において）株主総会の特別決議が必要とされるのは、事業の全体を他人に委ねることが事業目的の変更にも類する重大な行為であるため、対価や方法の適正を確保する必要があるからです。
　契約内容について会社法には定めがないので、当事者間の合意のほか民法の賃貸借に関する規定を類推することになります。
（ⅱ）事業全部の経営委任契約
　経営委任契約によって、その経営は委託会社の名義で行われますが、委託会社の経営はその取締役の手を放れ、受任者の指図の下におかれます。しかし、経営が委託会社の名義で行われるため、たとえ名目にせよ経営権は委託会社側にあり、受任者は委託会社から代理権の授与を受けて経営にあたり委託会社の経営陣が経営の監視義務を負います。この点で事業の賃貸借と異なり、委託会社には受任者をコントロールする権限が残されているため、この権限が大幅に縮減されている場合に限って本条1項4号の規制が及ぶことになります。
（ⅲ）他人と事業上の損益全部を共通にする契約（損益共通契約・利益共同契約）
　この契約は、複数の企業がそれぞれの法的独立性を維持しながら、損益を共同で計算するもので、内部関係は民法上の組合です。各企業は独自経営と独立した損益計算をするのをとりやめ、企業集団の一員として約定の割合に基づき損益の分配を受けます。これによって、投資の重複を避けつつ規模の利益を実現できます。その解約は、組合の解散または組合からの脱退です。
（ⅳ）その他これらに準ずる契約
　これには467条1項4号に列挙された諸契約と同等の契約すべてが含まれ、たとえば、共同販売会社に販売の割当てや集中を行う販売カルテルがこれに該当すると解されます。事業全部を参加させることが前提となるので、全製品が対象となる場合に限定されるのはいうまでもありません。また、単に契約の締

結だけにとどまらず、その変更・解約についても規制されます。
　（Ⅴ）事後設立
　これは、467条1項5号で規制されますが、現物出資や財産引受けについての規制の潜脱防止を目的とします。事後設立は、株式会社の成立後短期間に、その成立前から存在する財産であってその事業のために継続して使用する一定規模の財産を取得する場合について、株主総会の承認決議を要する制度です。
　規制対象となる取得財産は、会社法25条1項各号の発起設立および募集設立による会社成立後2年内に、成立前から存在する財産をその事業のために継続して使用するために取得する場合であって、当該財産の対価として交付する財産の帳簿価額の合計額が、当該会社の純資産額として法務省令（会施規135条）で定める方法により算出される額の2割（これを下回る割合を当該会社の定款で定めた場合にはその割合）を超えるものとされます。これに該当する財産を取得するには、株主総会の特別決議が必要となります。

（3）　事業の全部譲渡と重要な一部譲渡
①　事業譲渡の意義
　事業は、積極財産と消極財産（債務）から構成されます。積極財産は、①土地・建物・機械・商品・原材料・現金などの不動産・動産、②地上権・抵当権などの物権、③売掛金などの債権、④特許権などの知的財産のほか、⑤暖簾（のれん）・老舗（しにせ）など財産的価値のある事実関係をも含みます。この事実関係の有無が、事業の存否を判断する上で重要な要素となり、事実関係が存在することで、事業は各個の財産の総和よりも高い価値を有することとなります。株主総会の承認を要する譲渡対象となる事業は、一定の事業目的のため、組織化され有機的一体として機能する財産であり、社会的活力を有するものです。
　2005（平成17）年改正前の商法に関する事件で、判例は、株主総会の特別決議を要する旧商法245条1項1号（本条に相当）の場合と、別の立法目的をもった旧商法24条（商15条）以下とで、事業譲渡の意義は同じであるとした上で、①有機的一体として機能する組織的財産の譲渡によって、②譲渡会社が営んでいた「営業的活動」を譲受会社に受け継がせ、③譲渡会社がその譲渡の限度に応じ法律上当然に旧商法25条（商16条）に定める競業避止義務を負う結果を伴

うものとしています（最大判昭和40・9・22民集19巻6号1600頁）。かつての多数説は、この最高裁判例と基本的に同じ立場であり、しかも判例の立場について、それが現実に②営業的活動の承継と③競業避止義務の負担を伴うことを要件としていると理解するのが多数でした。

これに対して近年では、この判例の趣旨について、判例は現実に②および③を要件とするものではないと理解する学説も有力です。株主総会の承認決議の要否は、事業譲渡の時点で判断することになり、後日の譲受会社の行動をみてから判断されるものではないはずです。そうだとすると、現実に②③を問題とするのではなく、客観的にみて②③を伴うと判断できるような状況で、①の有機的一体としての組織的財産が譲渡されれば足りるということになります。

会社法21条以下および商法16条以下における譲渡規制は、譲渡人と譲受人の利害調整および譲渡当事者と債権者・債務者の調整が目的であり、この場合には、上記の②および③の要件があてはまります。しかし、譲渡会社の株主保護を目的とする本条は、それとは趣旨が異なります。そこで、株主総会の特別決議を要する事業譲渡には、営業的活動承継や競業避止義務負担は要件としないとする見解が多数となってきました。また、企業結合の見地から、営業活動の承継は要件とするものの競業避止義務は問題とならないとする見解もみられます。競業避止義務を負うのは事業譲渡があるとされる場合の法律効果であって、事業譲渡が成立するための法律要件事実ではないとの指摘もあり、競業避止義務の負担を不要とする考え方が通説です。さらに、有機的一体として機能する組織的財産の存否の判断が容易でないため、複数の基準によるべきとの指摘もあります。

② 事業の重要な一部

事業の一部も事業であることが前提となります。いかに重要な工場の重要な機械であっても、単なる財産は事業の一部とはいえません。かつて、重要な機械も事業の余地があるとする主張もなされましたが、現在ではそのような見解はみられません。ただ、財産も大規模になれば事業に接近してくるため、事業の一部と事業用財産との区別が困難な場合もあります。近年、重要な一部の意義について、全部譲渡は、重要な一部譲渡が株主に与える影響に加え、会社解散に向かう前段階の行為であるとして、重要な一部はあまり厳格に解さない方

向を示唆する見解もあります。これに対して、全部譲渡に実質的に近い場合に限定して考えるのが筋であるとの指摘もあります。これを厳格に解して、重要な一部という文言は削除すべきことを示唆した立法論もありました。判例には、参考となる判断基準は示されておらず、たとえば、全事業の9割の譲渡事例（東京地判昭和33・6・10下民集9巻6号1038頁）、2つの工場の内、全売上高の8割を占める一工場の譲渡事例（東京高判昭和53・5・24判タ368号248頁）、製造販売会社の3つの工場の内の一工場の譲渡事例（最判昭和61・9・11判時1215号125頁）などがみられます。いずれにしても、売上高、収益性、将来性など「量と質」の両面から判断することになると思われます。

　以上の点は、旧商法の当時から議論されていました。会社法の規定で一定割合の基準が明示されましたが、それは重要な一部であっても2割基準に満たなければ総会決議を要しないというに留まり、重要性の基準は解釈に委ねられたままです。ただ、割合基準としては2割以上であれば、重要な一部か否か判断の対象となるということになったわけです。もっとも、会社が定款でさらに小規模なものにまで総会決議を要すると定めうるため、取引の相手方としてはその会社の定款を確認しないと無効とされる危険があります。なお、アメリカ会社法では、「重要な継続中の組織体」という概念を用いた上で質と量で判断し、その判断基準を数値化しています。

③　事業の重要な一部と定款自治

　467条1項2号の括弧書によれば、2割基準を超えない簡易事業譲渡の場合には、譲渡対象が質的に重要であることをもって総会決議を要求されることはありません。他方で、簡易事業譲渡の要件が充足されない場合（2割基準を超える場合）であっても、譲渡対象が質的に重要でないことを理由に総会決議を不要とすることはありえます。そして、本条1項2号で許容されない定款規定は、総会決議を不要とする簡易事業譲渡の適用範囲を拡張する方向の規定だけであり、簡易事業譲渡の適用範囲を縮小し総会決議を要する範囲を広げる方向での定款規定は認められるということになります。だとしますと、本条1項2号の括弧内の括弧書（簡易事業譲渡の2割基準を下回る割合を定款で定めた場合はその割合）によって許容された定款規定のほか、さまざまな定款規定を定めることができるのではないかが議論となります。

④　親会社による子会社株式等の譲渡
（ⅰ）法規制の追加理由
　2014（平成26）年改正前は、株式会社がその子会社の株式または持分を譲渡しようとする場合に、株主総会の承認決議は不要でした。しかし、そのような子会社の株式等を譲渡した結果、子会社の議決権総数の過半数を有しないこととなれば、子会社の株式等を保有することで実現できた当該子会社の事業に対する直接的支配を失う場合もあります。これは、親会社が子会社の事業を譲渡したのと実質的に異ならない影響が親会社に及ぶことを意味します。そこで、このような子会社の株式等の譲渡について、事業譲渡と同じ規制をすることによって、当該会社の株主を保護しようとするものです。
（ⅱ）法規制の追加内容
　467条1項2号の規制の趣旨に照らすと、株式会社が譲渡する子会社株式等の帳簿価額が少額の場合は、その譲渡により当該株式会社がその子会社の事業に対する直接的支配を失ったとしても、当該株式会社に対する影響は比較的小さいため、一定の譲渡規模をもって規制の対象としています。わずかな子会社株式等の譲渡について、常に総会決議を要求すると迅速な意思決定を損なうからです。
　そこで、2014（平成26）年の改正で追加された本条1項2号の2では、株式会社は、その子会社の株式等の全部または一部を譲渡する場合であって、以下①②のいずれにも該当するときに限って、譲渡の効力発生日（128条1項、社債、株式等の振替に関する法律140条参照）の前日までに、株主総会の特別決議（309条2項11号）による当該株式等の譲渡に係る契約の承認を要することとしました。その該当事項は、①当該譲渡によって譲り渡す株式等の帳簿価額が当該株式会社の総資産額として法務省令（会施規134条1項）で定める方法により算定される額の5分の1を超えるとき、②効力発生日において、当該株式会社が、当該子会社の議決権の総数の過半数の議決権を有しないときです。
　②について、当該株式会社が親子会社でなくなるときとしなかったのは、支配基準を含む親会社の定義（2条4）によるよりも客観的・形式的な数値基準が相当と判断した結果です。なお、②の文言からすれば、親会社が支配権を失う原因が株式譲渡だけとは限られず、株式譲渡と同時に子会社が新株発行を

行ったため支配権を失う場合も含まれ、また、子会社株式等を別の完全子会社に譲渡し孫会社とする場合も含まれると解されます。

(iii) 経過措置

改正法の施行日前に譲渡に係る契約が締結されていた場合は、「改正前」の規律が適用されます（改正法附則17条）。改正法施行日前に契約が締結され、改正法施行前の規律に従って手続が進められたのに、これに改正後の規律が適用されると株主総会の承認を得るため総会招集が必要となり、契約時に予期しなかった負担が生じて当事者および利害関係人にとって不利益となるからです。

さらに、改正法では、所定の要件を満たす特別清算手続中の株式会社による子会社株式等の譲渡については、裁判所の許可が必要とされます（536条1項3号）。改正前の規律によれば、当該譲渡は535条1項によって監督委員の同意による代替が認められていますが、改正後の規律では裁判所の許可に限られるなど予期せぬ負担となります。したがって、改正法施行前に契約が締結されている場合は、467条1項および536条1項の規定に係わらず、「改正前」の規律が適用されることとしました。この経過措置には注意が必要です。

（4）　事業譲渡の解釈問題

①　事業の現物出資

事業は現物出資の目的物となりえますが、事業譲渡に関する規定は類推適用されるかどうか。旧商法26条（22条）の適用に関するものですが、最高裁昭和47年3月2日判決（民集26巻2号183頁）はこれを肯定し、事業譲渡と事業の現物出資とは法律的性質は異なるものの、その目的である事業の意味は同一に解され、法律行為による事業の移転である点においては同じであるとしました。これによれば、本条についても同様に解することができます。

②　事業の譲渡担保

法定担保権に関するものについては、会社全財産の競売に総会決議を要するかが争われた先例があり（東京高決昭和47・3・15下民集23巻1号～4号118頁）、決議は不要とされました。抵当権設定であれ譲渡担保の場合であれ、いずれも資金調達の手段であるという点では共通していることから、譲渡担保も事業を継続するための手段ということができ、アメリカ法でも、担保権設定には総会決議を要しないとされています。

③ 親子会社と事業譲渡

　完全親子会社は経済的にも実質的にも一体とみることができるため、その間での事業譲渡に総会決議は不要であるとする見解も少なくありません。しかし、親会社が完全支配の子会社へ事業を譲渡する場合に決議を不要とすると、子会社に譲渡された事業の取扱いは親会社の代表取締役の支配下に入り、そのため親会社の株主が子会社への事業譲渡がなかったならば有していたはずの権利が、その株主の意思を問うこともなく喪失させられるという不当な結果となります。そこで、合併との均衡を図る上でも決議を要求すべきであるとの見解もあり、子会社株式の譲渡も実質的にみて事業譲渡であるとする指摘もみられます。

　逆に、親会社が完全支配の子会社から事業全部を譲り受ける場合についても、議論があります。子会社が別個に存在する場合と子会社が親会社の事業の一部門となる場合とでは、親会社の株主の利害に重大な違いがあり、完全支配の子会社といえども法的には別人格であり、子会社の事業の欠損について親会社に累を及ぼさないこともできるが、会社の事業全部を譲り受けるとそうはならず、親会社株主にとって重大であるというわけです。

④ 債務超過・休業中・清算中と事業譲渡

（ⅰ）債務超過の場合

　純資産がマイナスである債務超過の場合は、総会決議は不要であるとする見解があります。この場合は、株式買取請求権（469条）を行使させる意味がないことをその理由とします。これに対して、たとえ株式買取請求権の行使が無意味であっても、基本的に最終判断は株主に委ねるべきであるとする見解もあります。このようなことから、実務上、疑わしい場合は株主総会の承認決議を経ておくのが安全といえます。

（ⅱ）休業中の場合

　休業中であっても、客観的にみて営業再開の可能性が残されている限り企業は生きており、直ちに株主保護の必要性がなくなったとはいえません。その判断基準が問題となり、たとえ長期の休業であっても、業種によっては社会的ニーズが回復して客観的に営業再開が可能となる場合もあるし、著しい債務超過が原因で金融機関の協力も得難いということであれば、長期休業でなくても

廃業状態へと向かうこととなりそうです。
　（ⅲ）清算中の場合
　清算中の事業譲渡の場合に、解散決議があっても直ちに有機的財産が単なる個別財産に変質するわけではなく、解散決議後といえども事業譲渡はありえます。その場合に解散前と同じく総会決議を要するかについては、決議必要説が多数のようです。ともかく有機的財産性がある限り、その処分についての最終判断は株主に委ねるべきであるということができます。
⑤　事業譲渡の無効主張の制限
　「譲受人」から無効を主張する場合について、事業譲渡の後に20年も経て無効を主張してきたような場合は、信義則違反を認定することもできますが（最判昭和61・9・11判時1215号125頁）、これが1年後であったらどう判断すべきかが問われます。信義則による解決には、このような判断が避けられないため、その主張を認めないとの結論を導き出す必要があります。これが「取消的無効」の考え方です。無効の主張を制限する法理に対しては、公益性の高い無効の制度であり、軽々に民法における錯誤のように考えることはできないとの指摘もありますが、民法学説においては、特定の者を保護するために無効とされる場合には、その特定の者からのみ無効の主張が認められる取消的無効という考え方が有力となっています。取消と区別された無効の他に無効の概念が存在することは、最高裁判例も認めています（最判昭和40・9・10民集19巻6号1512頁）。
　商法学説でも、無効の主張を制限する見解が増加の傾向にあります。一方のみが主張することのできる無効を前提として、譲受人の不安定さを解消するため総会決議に事後承認を認め、相手方の催告権および取消権（民114・115条）を類推するという指摘、あるいは、単に無効主張を制限することで解決する見解もあります。譲受人が不安定になるとの批判に対しては、そのような不利益を受ける譲受人を悪意・重過失ある者に限定すればよいわけです。なお、取引安全よりも株主保護を重視する絶対的無効説も根強く主張されています。
⑥　事業譲渡命令と総会決議
　独占的状態となったときに、公正取引委員会は事業の一部譲渡命令（独禁8条の4第1項）を発することができますが、譲渡命令の対象が譲渡会社にとっ

て事業の重要な一部にあたる場合に、株主総会の特別決議を要するかが問われています。これは、株主保護を優先するかそれとも競争の回復を重視するかの議論です。決議を不要とする特別な規定がないことを根拠に株主の利益を強調する決議必要説と、公共の利益を保護する目的をもつ行政処分は企業の意思を問わないとする決議不要説の対立があります。これについては、対立する利益を調和させる観点から、事業譲渡命令の拘束力は事業を譲渡すべきであるという限りにおいて効力を有し、命令が出ても株主保護のため総会決議は必要であり、事業譲渡の合意ができるまで決議を繰り返すほかないとする折衷説もみられ、調和的な解決といえます。

⑦ 事業譲渡と労働契約関係の承継

合併と異なり、事業譲渡については、譲渡会社に雇用されていた労働者の引継ぎはどうなるかが問われます。民商法の世界では、事業譲渡は債権契約にすぎないため、労働契約関係の承継を事業譲渡契約の当事者間で排除することもできると理解されており、民法625条1項に定める労働者の同意の要否についても、特別の規定がない限り例外を認めることはできず、労働者は譲受会社への移籍を拒むことができます。

労働関係の承継を前提にすると事業譲渡が不可能となる場合もあり、企業の利益と労働者の利益との調和点を追究すべきとの指摘もみられますが、現実問題として、労働者の意向を十分に把握しておかないと円滑な事業譲渡は困難です。なお、企業再編に労働者の意見を反映させるシステムとして、労働者が役員の立場から会社経営に参加するドイツ共同決定制度があるものの批判があって導入は実現していませんが、最近この制度を積極に解する立場もあります。これについては、EUでも議論が盛んです。

3 事業譲渡等の承認を要しない場合

(1) 会社法468条の趣旨

「略式事業譲渡・譲受」制度が本条で新設されました。この制度によれば、配会社が議決権の9割以上を有する特別支配関係のある会社間で事業譲渡を行う場合には、被支配会社で株主総会の決議を必要としないこととなります。一

方、小規模譲受けの特例である「簡易事業譲受」制度については、旧商法245条ノ5第1項に同趣旨の規定があったものが、割合基準が純資産額の2割基準に適用対象を拡大する方向で要件の緩和がなされました。

組織再編を行うには、当事会社の株主総会の特別決議が必要ですが、その例外は、一定の要件を満たした場合に株主総会決議を不要とする略式組織再編および簡易組織再編制度だけです。本条は、事業譲渡についてこのような例外を規定しました。前者は、特別支配関係にある会社間での事業譲渡について被支配会社側で簡略な手続を認めるもので、後者は、小規模の事業譲渡について簡略な手続を認めるものです。前者では総会開催が無意味であり、後者では譲受会社の株主への影響が小さいことを理由とします。

（2）　略式事業譲渡——特別支配会社

特別支配会社Aによって支配されているB会社の側で株主総会の特別決議が省略できるのが、略式事業譲渡です。特別支配会社とは、A株式会社が単独で、あるいはA会社および特定完全子法人（A会社が発行済株式の全部を有している株式会社または全部の持分を有している持分会社等）が、B株式会社の総株主の議決権の9割以上（これを上回る割合をA株式会社の定款で定めた場合は、その割合以上）を有している場合におけるA会社をいいます（468条1項、会施規136条）。いうまでもなく特別支配を受けているB会社は、譲渡会社である場合に限らず譲受会社の立場であっても、相手方たるA会社が特別支配会社であれば、B会社での株主総会決議が省略できることに変わりはありません。なお、株主総会決議が省略されても、反対株主には株式買取請求権が認められます（469条2項2号）。

特別支配を受けている会社において株主総会決議が省略できるのは、特別支配会社によって議案が可決されることが避けられないからです。そのような理由からしますと、特別支配関係の9割基準は過大ともいえますが、9割基準を設けたのは、議決権行使の機会を重視して株主総会決議の省略できる範囲を極力狭くしようと配慮した結果ともいえます。

（3）　簡易事業譲受け——小規模譲受けの特例

事業の全部の譲受けに関して、譲受けの対価の総額が譲受会社の純資産額の2割以下の小規模の場合には、譲受会社の株主総会決議が省略できます（468

条2項)。これを簡易事業譲受けといいます。すなわち、A 会社の事業全部をB 会社が譲り受ける場合に、A 会社の事業全部の対価として交付する財産の帳簿価額の合計額のB 会社の純資産額に対する割合が2 割以下（純資産額が500万円未満の場合にあっては100万円以下）の場合であれば、B 会社での株主総会決議を省略できます（会施規137条）。このような小規模な譲受けの場合は、譲受会社にとって影響も小さく、株主総会を開催するまでもないからであるとされます。

なお、事業の重要な一部の譲渡の有無を判断する場合にも2 割という基準があって、「総資産額」の2 割超という基準が定められています（467条1 項2 号）。2 割という点では簡易事業譲受けと共通していますが、簡易事業譲受けの要件の基礎は「純資産額」です。両者で要件の基礎が異なるのは、前者の重要な一部は譲渡する事業の規模を問題とするのに対し、小規模譲受けの場合は対価を支払う側の問題であることによります。また、他の会社の事業の一部の譲受けの場合は、対価の額に関わらず株主総会の決議は常に不要ですが（467条1 項3 号）、これは簡易事業譲受けの特例とは関係ありません。しかし、巨大な事業の一部の譲受けを想定しますと、立法論としては、常に総会決議を不要とすることに問題がないとはいえません。

4 反対株主の株式買取請求制度

（1） 会社法469条の趣旨

株式買取請求制度は、昭和25年商法改正の際にアメリカ法に倣って導入されました。「株式買取請求権」は、事業譲渡のみならず合併、会社分割、株式交換・株式移転など株主の利害に重大な影響を及ぼす決定がなされる組織再編の場面で、その決定に反対の株主が会社に対して、公正な価格で自らの株式の買取りを請求できる権利であり、反対株主の経済的利益を保護する制度です（469条1 項）。また、買取請求権を行使する者が続出すれば、会社から大量の資金流出を招くこととなるため、不当な決議の成立や多数派の横暴を抑制する機能も期待されます。

反対株主は、株主総会に先立って反対する旨を通知しかつ総会で反対する等

の要件が課されますが、①議決権を行使できない株主の場合、②簡易事業譲受けの場合、③特別支配関係の場合については、その要件を満たしたものとする取扱いがなされます（469条2項）。なお、事業の全部を譲渡して会社が解散する場合には株式買取請求はできません（同条1項但書）。また、事業譲渡等を中止したときは、買取請求は効力を失います（同条7項）。

（2）　買取制度の新しい機能

旧商法245条ノ2第1項では、事業譲渡前の状態に戻すことを株主に保障するため、買取価格が「決議ナカリセバ其ノ有スベカリシ公正ナル価格」となっていましたが、会社法では「公正な価格」で買い取ることを請求できるとされました（469条1項）。これは、救済されるべき株主の利害状況が多様なため、柔軟に対応することに配慮したものです。その結果、事業譲渡によって生じる企業価値の増加分を買取価格に反映させて、買取請求権行使を通して企業価値の増加分の公正な分配に与る権利を株主に保障することができます。

（3）　新旧2種類の価格算定基準

会社法によって「公正な価格」基準が設けられたことで、旧商法の「決議ナカリセバ」基準はどうなるかについて、学説の多くは、この旧商法の基準もなお必要であるとしています。事業譲渡によって企業価値が毀損される場合には、譲渡条件をどのように定めてもいずれかの株主に不利益が生じるため、「決議ナカリセバ」基準で救済を要するというのがその理由です。これによりますと2種類の基準が併存することとなり、そこから新たな問題が生じます。

事業譲渡に反対の株主は、反対の理由を明らかにすることを求められないため、たとえば、事業を譲渡することには賛成だが譲渡条件に不満があることを理由に、結局、事業譲渡に反対した場合に、事業譲渡の効力が発生する時点で株価が下落していたら「決議ナカリセバ」基準による買取請求をすることができ、事業譲渡そのものに反対であった者がその後の株価高騰をみて、さらによい条件を追求し「公正な価格」による買取請求をすることもできることとなります。要するに、ひとまず反対しておいてから、株価の動向をみて基準を使い分けるという株主の行動を招くことになります。そこで、「決議ナカリセバ」基準をやめて、会社法の「公正な価格」基準だけで対処すべきであるとする考え方もありえますが、後者だけでは不十分な事態に備えて、前者の基準も併用

しながら弊害を除去する方向を目指すべきでしょう。そのためには、「決議ナカリセバ」基準による買取請求権の行使期間にも制限規定を適用し、同じくその権利の行使後は一方的な撤回はできないものとする規定を適用するなどの措置が必要となります。

（4） 平成26年改正による買取請求後の撤回規制
① 改正前の撤回制限

改正前の会社法では、株式買取請求後の撤回について、会社の同意を要件（旧469条6項・改正後同条7項）とすることで、買取請求後に株価の動向をみたうえで買取請求を撤回して市場で売却する濫用行為が防止できると判断していました。しかし、それでも濫用がみられたため、さらに撤回制限の実効化を図るため、次のように改正されました。

② 改正後の撤回規制
（ⅰ）買取口座制度が創設

金融商品取引所に上場される振替株式（社債、株式等の振替に関する法律128条1項）については、買取口座制度が創設されました。今回の改正では、振替株式について買取請求がなされた場合には、その発行者である会社が開設する口座（買取口座）に買取請求の対象株式を振り替える申請を行わせることによって、発行会社の承諾なく譲渡されるのを防止できます。

（ⅱ）株券提出義務

株券発行会社については、株券提出義務が課されました。株券発行会社の場合は、株券がなければ株式の譲渡ができないので（同法128条1項）、買取請求の撤回を制限するには、買取請求を行った反対株主に会社への株券の提出義務を課すことにしました（469条6項）。

最後に、以上のいずれでもない③振替株式以外の株券不発行会社の株式については、株主名簿の名義書換禁止の制度が創設されました。この株式の譲渡は、当事者の合意により有効となり、株主名簿の名義書換えが対抗要件（130条1項）ですので、その名義書換えができなければ、事実上株式の譲渡ができません。そこで、今回の改正では、買取請求がなされた株式については、株式の取得者が株主名簿の名義書換えを請求できるとする会社法133条の適用を排除することにしました（469条9項）。これによって、対抗要件の具備ができな

くなり、事実上株式譲渡を防止することで買取請求の撤回制限を実効性あるものとしました。

（ⅲ）経過措置

改正法施行日前に、前条1項の事業譲渡等に係る契約が締結された事業譲渡等については、なお従前の例によることとし、「改正前」の規律が適用されます（改正法附則18条）。したがって、改正法の規定が適用されるのは、今回の改正法の施行日後に契約が締結されたものからということになります。改正法施行日前に契約が締結されたものについては、改正法施行前の規律に従って手続が進められたからです。

（5） 略式事業譲渡・簡易事業全部譲受と買取請求排除

① 略式事業譲渡における買取請求の排除

事業譲渡等の一方当事者が、他方当事者の総株主の議決権の10分の9以上を有する場合などの「特別支配会社」である場合には、被支配会社の株主総会においては特別支配会社の議決権行使で当然承認されるため、原則として総会決議を要しないとされており（468条1項）、このような事業譲渡等を略式事業譲渡といいます。改正前の469条2項2号では、すべての反対株主に買取請求権が認められていました。しかし、略式事業譲渡において総会決議を要しないとされているのは、特別支配会社が反対の議決権行使をする可能性がないためですから、特別支配会社に買取請求権を認める必要がないといえます。

そこで、今回の改正により、略式事業譲渡における特別支配会社には、株式買取請求権は認められないこととなりました（469条2項括弧書）。なお、これに伴って特別支配会社は、買取請求に係る通知の対象外となりました（同条3項括弧書）。

② 簡易な事業全部の譲受けにおける買取請求の排除

会社法では、他の会社の事業の全部を譲り受ける事業譲渡を行う場合で、譲渡会社に対して対価として交付する財産の帳簿価額が、譲受会社の純資産額の5分の1を超えない場合には、譲受会社は株主総会決議を省略することができ（468条2項）、これを簡易な事業全部の譲受けといいます。そして、改正前の469条2項2号では、すべての反対株主に買取請求権が認められていました。しかし、簡易な事業全部の譲受けの場合に総会決議を省略できるのは、会社や

株主への影響が軽微だからであり、これは会社の基礎に本質的な変更をもたらす行為ではありません。それゆえ、重大な行為に反対する株主に投下資本の回収を保障する買取請求権は、このような場合には認める必要がないといえます。

そこで、今回の改正では、簡易な事業全部の譲受けについても株式買取請求権が認められないこととされました（469条1項2号）。

③ 経過措置

改正法の施行日前に事業譲渡等に係る契約が締結された事業譲渡等についても、なお従前の例によるとされ（改正法附則18条）、改正法の規定が適用されるのは、今回の改正法の施行日後に事業譲渡等に係る契約が締結された事業譲渡等ということとなります。改正法施行日前に契約が締結されたものについては、改正法施行前の規律に従って手続が進められたからです。

5　株式の価格決定

（1）　会社法470条の趣旨

株式の価格の決定手続については、旧商法245条ノ3および245条ノ4において類似の規定が存在していましたが、会社法470条では以下のように改められました。価格決定の手続について買取の価格については、株主と会社との間の協議により決定し、協議が調えば会社は事業譲渡の効力発生日から60日以内に支払いをなさなければならず（470条1項）、事業譲渡の効力発生日から30日以内に協議が調わないときには、株主または会社は、その期間満了日から30日以内に裁判所に価格決定の申立てをすることができます（同条2項）。

このように、行使期間の「起算日」と「日数」に変更がみられます。起算日の変更理由は、旧商法では決議の日から起算されましたが、会社法では株式買取請求の撤回が制限されるため（469条6項）、買取請求にあたってより慎重さが求められるので、効力発生日における状況を正確に把握することができるように配慮して、行使期間を旧商法の時より遅い時期に設定したことによります。なお、この買取請求の撤回制限は、裁判所に価格決定の申立てをした場合（470条2項）には、一定の条件を満たせば解除されます（同条3項）。

（2） 公正な価格としての株式評価

　市場価格のある株式の場合は、株式市場で活発に取り引きされている状況にさえあれば、原則としてその株式の「市場価格」を公正な評価の基準となしえますが、市場価格は絶対的な指標ではないので慎重な判断が求められます。そこで会社法は、柔軟に対応すべく「公正な価格」という一般的な規定をおいたと理解できます。

　これに対して、市場価格がない場合は、客観的な指標がないため更に評価が困難となります。その株式について将来与えられる配当などを予測して現在価値に引き直す「配当等還元方式」が、理論的には正しいともいわれますが、将来予測のため恣意性が問題となり、現時点での企業の解体価値から算出する「純資産価額方式」なども存在します。その他に、複数の評価方法で算出された額を加重平均する方法もありますが、これには算出の理論的基盤が失われるという難もあるとされます。結局のところ、唯一の公正な評価方法はなく、適宜使い分けるほかありません。その上で、算出の基礎に合理的な根拠があるかどうかの検証が求められます。

（3） 裁判所による「公正な価格」の解釈

　買取価格について株主と会社の間で協議が整わない場合には、当事者の申立てによって裁判所が価格の決定を行います（470条2項）。決定されるべき価格は、当該事業譲渡が公正な条件でなされた場合の事業譲渡対価、もしくは事業譲渡がなかったならば当該株主の株式が有したであろう価値です。前者の額の算定は、適切に情報開示がなされた状況で、独立した当事会社が決定したのであれば、裁判所としてはそれを公正と取り扱うこととなります。その例外は、特別利害関係人が介在している場合のように、資本多数決による決定に問題があると認められる場合に限られます。公正な価格に疑いがある場合に裁判所が介入するとしても、当事者が行った算定の合理性の審査から始めるべきで、合理性を欠くと判断された場合に、裁判所は公正な価格を算定することになるとの指摘もあります。

　なお、当事会社が支配従属の関係にあれば、多数派株主の意向が反映された結果をそのまま受け入れるわけにはいかず、裁判所の介入が求められます。しかし、この場合でも裁判所は、たとえば監査法人の評価や十分な開示の有無等

のさまざまな要素を勘案して、条件の決定過程を審査し、公正であると判断できれば当事者の合意内容をもとに買い取り価格を算定すればそれで足ります。しかし、譲渡条件の決定方法に合理性が認められないと判断した場合は、裁判所は、当事者が独立した経済主体であるとすればどのような条件となったであろうかという観点から判断するほかありません。

（4） 買取価格決定前の支払制度
① 改正の経緯
株式の買取請求がなされた場合、470条4項によれば、会社は効力発生日から60日経過後の日（利息発生日）以降、年6分の利率による法定利息の支払い義務を負うこととなりますが、このような高額の利息が買取請求権の濫用を招く原因となっていました。そこで、この負担を軽減するため、実務では、裁判所で価格決定がなされる前に、会社が買取請求権を行使した株主と仮払いの合意をして一定額の支払いをするなどの工夫をしていました。しかし、その合意が成立しない場合には高額な法定利息の回避手段がなかったため、今回の改正でこれを回避する手続を定めることとしました。

② 改正の内容
改正法では、これまで実務で行ってきた仮払いの合意がなくても、買取請求権を行使した株主が支払いの受領拒絶をした場合に、会社が供託をすることができるようにするため、裁判所による買取価格の決定前の時点で、当該会社が「公正な価格」と認める額を支払うことができるとの規定を追加しました（470条5項）。

なお、今回の改正により、裁判所による価格決定前の時点で、会社が公正な価格と認める額を支払うことができるとされたため、価格決定前の時点で「会社が公正な価格と認める額」の弁済の提供をもって、債務の本旨に従った「弁済の提供」になると認められ、買取請求をした株主がその受領を拒絶すれば、それを理由に弁済供託（民494条）ができることになります。

③ 経過措置
買取請求に係る株式等の価格決定前の支払制度については、買取請求権撤回の制限を実効性あるものとするための制度の経過措置と同じ規定（改正法附則18条）が適用され、改正後の規定が適用されるのは、今回の改正法施行日後に

事業譲渡等の契約が締結されたものからということになります。改正法施行日前に契約が締結されたものについては、改正法施行前の規律に従って手続が進められたからです。

（5） 買取の効力発生時点の変更
① 改正の経緯
改正前の470条5項では、株式買取請求に係る買取の効力が生じる時点は「代金支払時」としていたため、買取請求権を行使した株主は、事業譲渡等の効力発生日から60日を経過した日以降、代金支払時まで年6分の利率による法定利息を得ることができ（470条4項）、この間に剰余金配当受領権まで認めるとなれば、買取請求をした株主は二重の利益を得ることとなり問題とされました。そこで、買取請求権を行使した株主に剰余金配当受領権を認めないことを明らかにするため、今回の改正がなされたわけです。

② 改正の内容
今回の改正法では、株式買取請求に係る買取の効力が生じる時点を事業譲渡等の「効力発生日」に変更しました（470条6項）。この改正によって、買取請求をした株主は効力発生日後は株主ではないこととなり、剰余金配当受領権はもとより議決権等も認められないことが明確となりました。

③ 経過措置
株式等の買取の効力発生時点の変更については、株式買取請求の撤回制限を実効性あるものとするための制度の経過措置と同じ規定（改正法附則18条）が適用され、改正後の規定が適用されるのは、今回の改正法の施行日後に事業譲渡等の契約が締結されたものからということになります。改正法施行日前に契約が締結されたものについては、改正法施行前の規律に従って手続が進められたからです。

《参考文献》
奥島孝康・落合誠一・浜田道代編『新基本法コンメンタール会社法2〔第2版〕別冊法学セミナー243号』（日本評論社、2016年）
落合誠一編『会社法コンメンタール12』（商事法務、2009年）
坂本三郎編著『一問一答・平成26年改正会社法』（商事法務、2014年）
三原秀哲『ここが変わった！ 改正会社法の要点がわかる本 法務省令対応版』（翔泳社、2015年）

山下眞弘『会社営業譲渡の法理』(信山社出版、1997年)
同『営業譲渡・譲受の理論と実際──営業譲渡と会社分割〔新版〕』(信山社出版、2001年)
同「会社法における事業譲渡と株主保護──判例・学説の再評価」阪大法学58巻3・4号(2008年)

第3章　事業の重要な一部譲渡

《本章の要旨》
　本章では、株主総会の特別決議を必要とする事業の「重要な一部」の判断基準について解説します。事業の重要な一部にあたらない「重要な財産」の譲渡は、取締役会設置会社では取締役会の決議だけで可能ですので、事業と財産の区別が重要となります。総会決議を要するのに取締役会だけで事業の重要な一部を譲渡すれば無効となる危険があります。なお、会社法で「事業に関して有する権利義務」が対象とされた会社分割についても、事業譲渡と同様の「事業性」が要件とされるかどうか議論があり、これについても詳しく解説します。

1　本章の目的

　本章では、会社法467条1項2号における「事業の重要な一部」の意義について、2005（平成17）年改正前商法（旧商法）245条1項1と比較しながら検討します。とりわけ、467条1項2号括弧書「当該譲渡により譲り渡す資産の帳簿価額が当該株式会社の総資産額として法務省令で定める方法により算定される額の5分の1を超えないものを除く」の意味、および同括弧書内の括弧書「これを下回る割合を定款で定めた場合にあっては、その割合」の意味するところを明らかにします。このような規定ぶりによって、重要な一部の量的基準が明確になったと評価することもできますが、必ずしもそのようにいえないのです。しかも、質的基準については解釈に任されたままです。さらに、定款自治との関係でこれまで議論してこなかった解釈問題も生じてきました。

　一部の事業譲渡でも重大としていた1938（昭和13）年改正商法では、「営業の全部または一部」の譲渡に株主総会の特別決議が必要とされていました。ところが、1950（昭和25）年の商法改正で、一部の譲渡に「重要な」という文言が追加されました。総会決議を要する場面を一部から重要な一部に緩和したの

は、同年の改正で取締役会制度が導入されたためで、重要でない事業譲渡については取締役会の判断に期待したことによります。それが取締役会に期待できなければ、株主総会の判断対象を広げる必要が生じ、重要な一部を緩やかに認定する方向での解釈が妥当ということになります。会社の実態を直視して、いずれが真の株主保護になるかが問われます。

なお、会社法では「事業譲渡」の用語が使用され、個人商人には2005（平成17）年改正後の商法でもこれまで通り「営業譲渡」の用語が充てられ区別されています（商16条）。用語を変更したのは、個人商人は複数の営業を営むときには複数の商号を用いることができるのに対し、会社は一個の商号しかもちえないため複数の営業を営んでいても一個の営業として扱うほかないという差異があるので、会社については個々の営業と区別して事業としたと立案担当者から説明されており、実質上内容に変更はありません。そこで以下では、会社法制定の前後を区別することなく原則として事業の用語を用いることとします。

ところで、会社分割についても、会社法制定までは分割の対象は「事業」とされていましたが（旧商法373条以下）、これが会社法で大きく変更され、「その事業に関して有する権利義務」と改められました（2条29号・30号、757条以下）。そこで、この文言の変更がどのように影響するかが議論となります。

2　事業譲渡の意義

（1）　組織的財産と事実関係

その譲渡に株主総会の承認を要する事業は、個別財産の単なる集合体ではなく、一定の事業目的のため組織化され有機的一体として機能する財産であり、社会的活力を有するものです。その中核をなすものは、財産的価値ある「事実関係」（伝統、得意先関係、仕入先関係、営業上の秘訣、経営の組織、地理的条件など）であって、これによって、事業はそれを構成する各個の財産の総和よりも高い価値を有することとなるわけです。

ここで問題となる事業譲渡は、会社の事業の全部または重要な一部を譲渡することであり、その結果、譲渡会社がこれまでの事業活動を維持できなくなるとか、事業規模の大幅な縮小を招くなど株主の利益にとって重大な影響がある

ため、「株主保護」の要請が生じます。事業の「重要な一部」の譲渡につきましても、単なる事業用財産ではない事業の全部譲渡の場合と同じく、「有機的一体性のある組織的財産」であること（事業性）を要すると解すべきです。経済効果の点で共通する会社分割についても、このことは基本的にあてはまるはずですが、会社分割については事業性を要するか否かに議論があります。なお、単なる財産の譲渡処分の場合は、それが重要であっても業務執行機関の守備範囲に属することは明らかです（362条4項1号）。

（2） 最高裁判決の解釈

　株主総会の特別決議を要する事業譲渡について、旧商法に関する事件ですが、判例は、株主総会の特別決議を要する旧商法245条1項1号（467条）の場合と、別の立法目的をもった旧商法24条（商15条）以下とで、事業譲渡の意義は同じであるとした上で、①有機的一体として機能する組織的財産の譲渡によって、②譲渡会社が営んでいた営業的活動を譲受会社に受け継がせ、③譲渡会社がその譲渡の限度に応じ法律上当然に旧商法25条（商16条）に定める競業避止義務を負う結果を伴うものとしています（最大判昭和40・9・22民集19巻6号1600頁）。かつての多数説は、この最高裁判例と基本的に同じ立場であり、しかも判例が現実に、②の営業的活動の承継と③の競業避止義務の負担を要件としているものと理解するのが、学説の多数であったようにみえます。

　これに対して近年では、判例の趣旨を再評価し、判例は現実に②および③を要件とするものではないと理解する学説も有力になりつつあります。株主総会の承認決議の要否は、事業を譲渡する時点で判断することを要し、事業譲渡後の譲受会社の行動をみてから判断されるものではないはずです。そうであれば現実に②③を問題とするのではなく、客観的にみて②③を伴うと判断できるような状況で、①の組織的財産が譲渡されれば足ります。判例はそのことを意味していると理解することもできます。なお、多数説は「有機的一体として機能する組織的財産」を重視しますが、暖簾、得意先、ノウハウなどの「事実関係」を重視すれば、通常は営業的活動の承継がなされ、上記の最高裁判例と基本的に同じようになるはずです。多数説のいう組織的財産の意義は必ずしも明確でないため、その存否の判断は容易ではありません。そこで、単一の基準では不十分であるとし、複数の基準によるべきとの有力な主張もありました。

3　会社分割と事業性

（1）　制度創設時における会社分割の対象

　会社分割制度が創設された当初、分割の対象は、原案として1999（平成11）年に公表の「中間試案」で示された分割する会社の「権利義務の全部または一部」ではなく、最終的には「事業の全部または一部」とされました。中間試案で「権利義務」としたのは、会社分割の制度を柔軟で使い勝手のよいものにするため、その対象を広く認めることを意図したことによりますが、以下のような理由で当初の商法改正では「事業」とされました。すなわち、①会社分割は企業再編のための組織法上の行為であるので、それにふさわしいものが分割の対象とされるべきであるということ、②権利義務の一部の分割は、現物出資の潜脱になるという意見があったため、事業という表現に改められたこと、さらに、③事業という概念は商法上も規定があり判例でもその意義がかなり明確になっており、分割の対象を事業とすることにより事業単位で権利義務が移転する結果、事業の解体を避けることもでき労働者の雇用の場を確保することもできること等の理由が示されていました。このような経緯を踏まえて、創設当時の議論でも、会社分割制度を広く利用させるため、会社分割の対象としての「事業」は、事業譲渡における「事業」の概念よりも広義のものと解すべきであるとの指摘がみられたのです。しかし、事業の意義が明確といえるかについてはこれまでも議論がありました。

　会社分割の対象となっている事業は、前掲昭和40年の最高裁判決の事業と同じ内容のものと解する立場もありました。これは、有機的一体として機能する営業の構成要素である「暖簾」の承継を前提とした規定がおかれていたこと（旧商285条ノ7）、人的要素である「労働契約」の承継も前提とされていることによります。会社分割の対象を事業譲渡における事業と同じに解しても、事業の意義についてさまざまな議論があり、その概念をめぐる争いが会社分割にも持ち込まれるとする指摘もありました。事業譲渡における事業概念と会社分割の対象を同一に解するとしても、会社分割における事業の意義は、最高裁判決の事業の意義よりも広く解釈すべきであるといえそうですが、これには議論も

あります。有機的一体として機能する組織的な財産が対象とされるべきであって、その他の要件は問うべきでないといえそうです。このように「事業の意義を広く解することで、無効な会社分割の生じる範囲が狭まり法的安定性が増す」ことができます。会社法制定前の旧商法当時、このような議論が展開されていました。そして、会社法成立後に、事業譲渡について改めて前掲の最高裁判例をめぐる議論の再評価をした結果、判例の立場によっても、事業譲渡の成立のためには、譲受人による営業活動承継と譲渡人の競業避止義務負担の両要件は具体的に問われないことが確認できたわけです。ただし、すべての要件を必要とすると解する考え方もあります。

（2） 会社法における会社分割の対象

会社法では、制度創設当時の中間試案の姿に戻って「事業に関して有する権利義務の全部または一部」とされました。会社分割の対象となる「権利義務」（2条29号・30号）の意義については、会社法の規定ぶりから単なる権利義務の承継で足りるとの見解があり、それによれば、有機的一体性も事業的活動の承継も要件でないとされます。改正要綱の中間試案では「権利義務」の承継とされていたのが、「事業」の承継という定義に改められ、その後、会社法で権利義務の承継という当初の定義の表現に戻されたという経緯があります。このことからすれば、会社法では「事業性」を要しない趣旨であるといえなくもないわけです。立案担当者は、事業性を不要としており、このように解することができれば、たとえば事業性を維持するために承継する権利義務の取捨選択の範囲に悩まされることもなくなり、実務的なメリットが大きいとの指摘もあります。

しかし、事業性を不要とする姿勢が極端に徹底されると、たとえ機械1台の譲渡でも会社分割をなしうることとなりそうで、このような解釈は行き過ぎでしょう。立案担当者が事業性を不要としているとはいえ、そのような場合まで会社分割が成立するとは考えないはずです。会社分割の機能が会社法の制定後に大きく変更されたわけでもないはずです。基本的には旧商法と同じく、467条の事業譲渡の規制対象となる「事業性」を有する財産と解すべきです。ただし、事業性を不要とする見解も根強く存在しますから、実務上は、事業性がなくても会社分割が成立する余地のあることを意識しておくべきでしょう。

会社法で会社分割の対象が「事業に関して有する権利義務」（2条29・30号）と用語の上で変更されましたが、この変更については改正の過程で特に議論された形跡がなさそうで、事業性の有無については議論が残されたままです。かりに事業性が不要と解されるのであれば、その点でも事業譲渡との相違が明らかとなりますが、立法担当者は事業性に拘束されないものと説明しています。これによれば、事業性を伴うことに起因する従来の議論は解消しますが、事業概念に縛られないと解しても、事業に全く関係しない権利義務についても会社分割手続で移転できるかは、否定的に解する余地があるとの指摘もみられます。さらには、立法担当者の見解によって、事業概念を外すことの当否の問題も新たに生じます。会社分割と事業譲渡の経済的効果には類似点があり、両者とも原則的に株主総会の特別決議を要し、反対株主には株式買取請求権が認められる点でも共通しています。したがって、両者は統一的に理解されるべきでしょう。

（3）　会社分割と競業避止義務

　会社分割制度の導入時には、分割会社にも旧商法25条（21条、商16条）が類推適用され競業避止義務を負うとする解釈が有力でしたが、この解釈に対してはその妥当性に実務家から強い批判もありました。その批判とは、①事業譲渡と会社分割は法概念として明確に異なり、法定競業避止義務が実務上合理性のないものであり、経済的効果の似た制度であることをもって、会社分割に競業避止義務の規定を類推適用するのは問題である。営業の自由は憲法に由来し、明文規定もなく必要性も認められない競業避止義務の拡大解釈は避けるべきである。②会社法に必要であれば競業避止義務規定を置くことができたのに明文化しなかったことからすれば、立法者の意思も競業避止義務の規定を類推適用しないものと考えるべきである。③会社法2条29号および30号では、会社分割の対象が、「事業に関して有する権利義務」とされており、競業避止義務を定める同法21条が「事業を譲渡した会社は」としていることも、類推適用には慎重であるべき根拠となる。以上のような批判理由を挙げています。結論としては、会社分割の制度を広く利用させるためにも、また事業譲渡の要件に競業避止義務が問われるべきでないことからも、会社分割に競業避止義務を課すことは避けるべきでしょう。

なお、「事業譲渡と会社分割の相違点」は、以下のとおりです。①事業譲渡の対象は事業性を要するが、会社分割では用語上それを要しないこと、②事業譲渡の相手方には限定がないが、会社分割は会社が相手となること、③事業譲渡は無効の主張方法に制約がないが、会社分割は無効の訴えによる必要があること、④譲渡会社の債務引受けについて、事業譲渡では債権者の同意を要するが、会社分割には債権者異議手続制度があるため同意が不要であること、そして、⑤会社分割には労働契約承継法が適用されること（ただし、2016年9月に事業譲渡にも同旨の指針新設）などです。

4　事業の重要な一部の基準

(1)　会社法制定前の議論
①　重要な一部を緩やかに考える立場

事業の一部といえども事業性を有することが要求され、単なる財産では足りません。事業の「一部」は、一種類の事業のうちの一部という意味と複数の事業のうちの1つという意味の両方を含んでいますが、いずれにしても単なる財産と異なって事業でなければなりません。いかに重要な工場の重要な機械であっても、それが単なる財産と区別がつかない限り事業の一部とはいいがたいのです。

このことを前提にして、「全部譲渡と重要な一部譲渡」とでは事業譲渡に株主総会の承認を要する根拠に異なる面があるとの理由で、両者の根拠を区別して考える見解があります。すなわち、全部譲渡は、重要な一部譲渡が株主に与える影響に加え、会社解散に向かう前段階の行為であるということも意味しているので、重要な一部はあまり厳格に解すべきでないとするわけです。そして、この論者は、事業の一部譲渡に総会決議を要する根拠について、2点指摘しています。1つは、事業譲渡の対価および方法が適正かどうかにつき、株主が合理的な判断を下すための情報を提供するためであり、もう1つは、事業の要素である暖簾の評価が、事業譲渡の相手方や方法により大きく左右される可能性が高く、事業譲渡は個性の強い取引である場合も少なくないので、その評価も含め株主の判断を仰ぐために総会決議を要すると説明されます。

重要な一部を緩やかに考えると緩和する限度が問われ、具体的にこれを明らかにしなければなりません。また指摘された点については、いずれも決定的な根拠とはいえないわけです。そうすると、資産には総会決議が不要ですが、事業に関しては一部の譲渡にも総会決議を要することについて、その根拠は別に求める他なさそうです。「事業」は無形の事実関係が中核となっているため、単なる財産と異なり、事業を譲渡することで会社経営を維持できなくなります。この点が、経営事項に属する単なる財産の譲渡と異なり、ここに株主保護の要請が生じるということができます。

② 全部に近づけて考える立場

全部譲渡に実質的に近い場合に限定して考えるのが筋であるとの指摘もあります。さらに厳格に解して、重要な一部という文言は削除すべきであるとの立法論もありました。全部に限定すれば文言上は明確になるのですが、実質上全部に等しい事例を想定すれば、全部譲渡の意義を弾力的に解釈する必要も生じます。そうであれば、緩やかに考える立場にかなり近づくことになるかも知れません。

なお、重要な一部譲渡の判断基準について、旧商法の下では全部譲渡に準じるものとする解釈がありえましたが、会社法467条1項2号では、全部に準じる解釈論は採りえなくなりました。事業の重要な一部の譲渡のうち、譲渡資産が譲渡会社の総資産の2割を超えないものについては、総会決議を要しないとされるからです。これは、2割基準を超えない重要な一部があることを意味します。

③ 判例にみる具体的な判断基準

重要な一部の判断基準は、具体的にどの程度のものと考えるべきでしょうか。全部に対する量的割合だけで判断するのか、実質的な重要性で決めるのか。いずれか一方では不十分で、量と質の両面から総合判断すべきでしょう。判例をみるかぎり、限界事例として参考となる判断基準は示されていないのです。重要な一部と認定されたのは、いずれも事業の大きな部分の譲渡事例ばかりです。たとえば、全事業の9割の譲渡事例（東京地判昭和33・6・10下民集9巻6号1038頁）、2つの工場の内、全売上高の8割を占める1工場の譲渡事例（東京高判昭和53・5・24判夕368号248頁）、製造販売会社の3つの工場の内の1工

場の譲渡事例（最判昭和61・9・11判時1215号125頁）などがあります。これらによれば、単なる割合だけで判断するのでもなさそうです。

（2） 会社法における量的基準と質的基準
① 米国模範会社法における規制

重要な一部は、米国（改正前）模範会社法（Model Business Corporation Act）では「実質的全部（substantially all）」という文言に相当しましたが、その後の模範会社法12・02条(a)項では、「重要な継続中の営業活動（significant continuing business activity）」という概念を用いた上で、「質と量」の両面から承認の要否を判断する旨を定めており、その資産の処分により重要な継続中の営業活動ができなくなる場合には株主の承認を要するとし、その目安としての判断基準を数値で示していることが参考にはなります。しかし、数字で割り切ることに抵抗があるためか、理由は不明ながら各州は模範会社法の改正後も従来どおりの状況を維持しているようです。量的基準で規制できれば明確にはなりますが、それが真に株主の利益保護となるかどうかは疑わしいのです。わが国でも、アメリカ法と同様に量的な割合規準を有する会社法が制定されましたが、数値ですべてを律する手法は採用していないため、旧商法と同じく質的基準の重要性が維持されています。これは、妥当な方向を示すものと評価できますが、重要な一部の判断が避けられない課題として残ります。

② 2割規準の意義

旧商法では、事業の重要な一部の譲渡については、譲渡会社の株主総会特別決議が常に必要でしたが、会社法467条1項2号括弧書は、量的な問題について、譲渡資産の帳簿価額が総資産額（会施規134条）の5分の1を超えない場合（つまり5分の1以下の場合）には、譲渡会社の承認決議を不要としました（簡易事業譲渡）。このように、会社法の規定で一定割合の基準が明示されましたが、それは会社にとって質的に重要な一部であっても量的な2割基準に満たなければ総会決議を要しないというに留まり、重要性の基準は解釈に委ねられたままです。量的な割合が2割以上である場合に限って、重要な一部か否かを質的な面から判断することとなりますが、このような規準が妥当かどうかは議論の余地があるでしょう。もっとも、会社が定款でさらに小規模なものにまで総会決議を要すると定めうるため（467条1項2号括弧書）、取引の相手方としては、そ

の会社の定款を確認しないと無効とされる危険があります。このような定款の定めを置くのは、譲渡対象が量的に小さくても、その会社にとって質的に影響が大きい場合に備える趣旨でしょう。

　会社法では、２割基準による簡易事業譲渡には総会決議を要しないとされましたが、２割を超える場合であれば、譲渡対象である事業の一部が当然に総会決議を要する重要な一部と解されるわけでもないわけです。ただし、２割基準を超えるような場合は、質的な面から重要な一部に該当する蓋然性が高いと考えられることから、実務の世界では、２割基準をもとに株主総会の承認を求めることになるとの指摘もあります。なお、２割を超える資産を譲渡する事業の一部譲渡で重要でない場合があるというのは、実際には考えにくいとの指摘もみられますが、重要でない場合はありえます。総会決議を求める上で重要な判断要素は、資産の量よりも質であると考えられます。たとえ２割を超えた資産譲渡であっても、譲渡会社にとって重要性の乏しい資産の譲渡であれば、その後も元どおりの事業活動が可能なので株主保護の要請は生じないといえます。実務上、２割基準を重視するのは、疑わしい場合は無効となるのを避けるため、総会決議を経ておくのが安全というのがその真意でしょう。総会決議を要するほど重要な一部か否かの判断に際しては、量よりも質が重要なのです。そのため、量的基準は重要な一部を判断する大枠を提供するに留まるものと理解すべきです。

③　「重要な一部」を考える視点

　会社法は規制緩和の方向にあるとはいえ、総会決議事項の拡大が株主保護の観点から、常に妥当であると一概に語ることはできません。株主総会の実態に配慮すれば、株主の利益を実質的に保護するには、開示の質的向上と取締役の健全かつ効率的な経営を確保する制度を確立し、株主総会の決議事項は株主が合理的に判断できる事項に限定し、業務執行機関の権限を拡大する方向で定款自治を拡充することが望ましいということもできます。ただし、それには前提があり、取締役の責任の実効性を確保する制度を拡充することです。そして、株主総会の最低限の決議事項としては、会社の業務執行機関等の選解任のほかに会社の基礎的変更に関する事項があります。後者の中でも総会決議事項とされる事業の重要な一部の譲渡は、取締役会の決議事項である重要な財産の処分

等（362条4項1号）と区別されますが、重要な財産も大規模になれば事業の重要な一部との境界領域が問題となりえます。いずれにせよ、株主総会で株主にとって合理的な判断が可能な範囲で、総会決議事項に加えることが求められますが、その決定的な数値基準があるわけではないのです。参考までに、最判平成6年1月20日（民集48巻1号1頁、判時1489号155頁）では、会社総資産額の1.6％相当の株式譲渡が、取締役会決議を要する重要な財産の処分に該当しないとはいえないと判示しています。

会社に投資するときは、その事業の継続を経営者に期待しています。そうであれば、経営判断を超える行為は株主の最終判断によることになります。取締役への授権範囲を広く捉え、株主の関与する範囲を狭めるのが株主保護に資すると考えれば、重要な一部の意義も厳格となり実質上は全部譲渡に近づくでしょう。取締役に過度に期待するのが危険であれば、重要な一部を緩やかに解して、手続が煩雑であっても株主総会を経るほかありません。譲渡会社で467条1項の承認決議が必要かどうかの判断は、その重要性に実質判断を要するため容易ではありません。決議が不要であれば、譲渡会社にとってはかなりの時間と手間の節約になりますが、必要な手続を経なかった場合のリスクも大きいのです。全事業の2割程度の譲渡事例の場合には、総会決議を経ておくのが無難であり、実務としては、その場合は自動的に株主総会の承認を求めることになるとの予測もあります。なお、売上高・利益・従業員数等の量的基準については、それが事業全体の1割程度を超えなければ、通常は重要と解されないとの指摘もありますが、実質的にみてこのような数値にどれほどの根拠があるのか疑わしいといわざるをえません。

このように、重要な一部の意義は不明確であるにもかかわらず、必要な総会決議を経なければ事業譲渡の効力が否定され、しかもこれは「絶対的無効」と解されてきました。絶対的に無効では、取引安全が損なわれるということから、相対的無効の考え方も主張されています。重要な一部の判断基準が不明確であることを考慮すれば、特に重要な一部の譲渡についてのみ相対的無効の考え方をとるのも十分に説得的です。ただ、原則的に絶対的無効の立場をとりながら、譲渡対象が事業の全部か重要な一部であるかによって、絶対的無効と相対的無効を使い分けるのは、一貫性の点でなお検討の余地が残されています。

やはり、相対的無効の考え方で一貫する立場を妥当とすべきでしょう。なお、近年においても絶対的無効と解する見解があります。資産価値の精査などデューデリジェンスが行われる場合には、譲受会社は譲渡会社と同程度に判断できる地位にあることをその理由とするようですが、それに期待するとしても、重要な一部譲渡をめぐる当事者の利益を比較考量すれば、これは譲渡会社の株主保護に一方的な偏りがある見解のように感じられます。

④ 重要な一部と定款自治

次のような興味深い議論がみられます（伊藤靖史「会社法467条1項2号に関する一考察」同志社法学59巻6号2599頁（2008年））。要するに、①467条1項2号の括弧書によると、2割基準を超えない簡易事業譲渡の場合には、譲渡対象が質的に重要であることをもって総会決議を要求されることはない。他方で、簡易事業譲渡の要件が充足されない場合（2割基準を超える場合）であっても、譲渡対象が質的に重要でないこと理由に総会決議を不要とすることはありうる。そして、②467条1項2号で許容されない定款規定は、総会決議を不要とする簡易事業譲渡の適用範囲を拡張する方向の規定だけである。つまり、簡易事業譲渡の適用範囲を縮小し総会決議を要する範囲を広げる方向での定款規定は認められる。したがって、③467条1項2号の括弧内の括弧書（簡易事業譲渡の2割基準を下回る割合を定款で定めた場合はその割合）によって許容された定款規定のほか、さまざまな定款規定を定めることができると論者は主張するわけです。たとえば、(a) 467条1項2号括弧書の適用を受けない旨の定款規定、(b) 譲渡対象が2割基準を超えるものについて常に総会決議を要するとする定款規定、さらには (c) 事業譲渡であれば常に総会決議を要するとする定款規定などについて、いずれも論者は無効としない方向です。

これにつきましては、①および②は規定の上からも首肯できます。③についても基本的に支持できますが、機関権限配分との関係で、なお検討すべき点もあります。定款で定めれば株主が同意しているのであるから、原則として何でも可能であるという前提に立てばともかく、株主総会の権限に属すべき基礎的変更の範囲を定款で大幅に拡大することは、業務執行機関の権限を縮小させることになります。先にも言及したとおり、総会決議事項の拡大が株主保護の観点から、常に妥当であると一概にいうことはできないのではないでしょうか。

株主総会の実態にも配慮して株主の利益を実質的に保護するには、総会の決議事項は株主が合理的に判断できる事項に限定し、その分だけ業務執行機関の権限を拡大する方向で定款自治を拡充することが望ましいということもできます。

　定款自治の範囲については、旧商法に存在しなかった規定が会社法に置かれました。それは29条ですが、この規定の解釈として、「定款に別段の定めがある場合は、この限りでない」等の文言がない場合は、一切修正を認めない趣旨（相対的記載事項の限定列挙）か否かにつき、立案担当者の解説では、定款自治の範囲は明確に示されており、明文の規定がない限り修正を認めないとしています。これに対して、そのように解することには無理があり、定款自治が明文の規定によって認められていても、その限界に関しては解釈の余地がある場合がほとんどで、条文でその範囲を完全に明確化するのは不可能との指摘があり、これは的を射ているといえます。

5　今後の課題

　事業の重要な一部に関して、株主総会の決議事項を拡大することが、常に株主の利益になるとはいえないでしょう。機動性に欠けるという問題もあります。かといって、業務執行機関に任せたことで株主の利益が損なわれる危険もあります。その究極的な解決は、役員の責任の実効性を確保することでしょう。事業の重要な一部の譲渡であれ会社分割の場合であれ、事業性を決定づけるのは、現に会社を動かす人的組織（従業員）の存在です。一定の事業目的に向けて組織化され有機的一体として機能する財産が事業であり、その中核をなすのは、従業員の活動の結果によって得られる得意先関係、仕入先関係、営業上の秘訣などの事実関係です。重要な一部の判断については、物的な質と量から判断するという作業もさることながら、人的要素の存在に目を向けた検討も必要です。重要性の有無を量的に判断する要素として、譲渡資産の帳簿価額については形式的基準がありますが、その他の量的要素として売上高・利益と並んで従業員数等も問題になるとの指摘もありました。このことからも、従業員の処遇は労働法に固有の問題ではなさそうです。

　かつて、日本労働法学会第97回大会ミニ・シンポジウム「営業譲渡と労働関

係」での報告において、私は次のような提言をしたことがあります（山下眞弘「ミニ・シンポジウム営業譲渡と労働関係」日本労働法学会誌94号（1999年）90頁）。それは要するに、労働者の理解なくして、企業の合理化は実現できず、労働法原理との調整が必要となる。しかし、労働者の同意を事業譲渡の要件とすることはできない。労働者に経営参加を認めるのは、現行法上無理があるだけでなく、労働者に経営責任を問う結果にもなる。そこで試案であるが、事業の全部譲渡については、実質的に合併と同様に扱い原則として労働者も一体的に移転すると解しながら、一部譲渡の場合は、事業部門が残されている点で全部譲渡と異なり労働者保護を図る余地もあるから、労働者は必ずしも移転先に移る扱いをする必要はないと考えてはどうか。以上、会社法の解決としても、これをもとに事業の重要な一部の判断要素を検討すれば足りるという主張でした。しかし、このような考え方によると、労働者の承継がない事業譲渡を認めることとなり、「事業性」との関係で常に妥当であるかについては、さらに検討する必要性があります。これは労働法との関係でも重要な課題です。

《参考文献》
山下眞弘『会社営業譲渡の法理』（信山社出版、1997年）
同『営業譲渡・譲受の理論と実際——営業譲渡と会社分割〔新版〕』（信山社出版、2001年）
同「事業の重要な一部譲渡と株主総会の特別決議」浜田道代・岩原紳作編『会社法の争点』ジュリスト増刊（有斐閣、2009年）
同「会社法における事業の重要な一部譲渡——会社分割との対比の中で」奥島孝康先生古稀記念論文集編集委員会編『現代企業法学の理論と動態 奥島孝康先生古稀記念論文集第1巻 上篇』（成文堂、2011年）

第4章　会社分割・事業譲渡の接近化

《本章の要旨》
　本章では、事業譲渡の制度から大幅に時期的に遅れて制度化された会社分割について、両制度を比較します。会社分割の制度ができた当初と今日とでは制度の内容が変質してきました。つまり、制定当初の会社分割は合併と逆の現象として組織法上の性格を有する制度と位置付けられていましたが、会社法の制定以降、両者の接近化が進みました。これが実務に多大な影響を与えるのではないかという点について本章で解説します。なお、2014（平成26）年改正会社法の前段階での議論にも詳しくふれ、その中間試案にも言及します。

1　本章の目的

　M&A（企業の合併・買収）の伝統的な手法として事業譲渡（営業譲渡）がこれまで実務上活用されてきました。会社法が制定されるまでは、会社・個人商人のいずれについても営業譲渡の用語が使われていましたが、会社法では会社に関して事業譲渡の用語が使用されるように変更されました。しかし、いずれも内容に変わりはないと解されていますので、本章では、「事業譲渡」の用語を用います。その手続が煩雑なこともあって国際的な企業競争力に支障を生じることが指摘され、新たに2000（平成12）年に迅速な企業再編を求めて「会社分割制度」が創設されました。その後の対価柔軟化の流れの中、2005（平成17）年の会社法制定を境に、会社分割の種類、対象、対価などの大幅な見直しがなされ、既存の事業譲渡との距離が短縮されたかにみえます。これを反映して、2013（平成25）年の会社法改正法案においても、「詐害的会社分割」に係る新設規定と同じ規定が事業譲渡にも設けられることになり、この改正は平成26年に実現しました。これまでも裁判例によれば、事業譲渡に係る諸規定（会社22条など）が会社分割に類推適用されており、会社分割と事業譲渡の接近化は認識

されてきましたが、ここにきて立法上も接近化の動きを反映しつつあります。この傾向を是とするのであれば、詐害行為取消の場面に限らず、さらに広く労働契約承継の場面などについても、両制度の接近化を反映した立法化および実務処理が妥当ということができるのではないでしょうか。

このような問題意識から、かつて私は2012（平成24）年の会社法改正要綱をもとに、会社分割・事業譲渡をめぐる会社債権者保護および労働者保護に関する論考を著しました。そこでは両制度の接近化を意識しながら検討してきましたが、接近化を前提とすることの当否の検証が不可欠です。そこで本章では、どのような経緯を辿って「会社分割と事業譲渡の機能接近化」が実現してきたか、また経済的・法律的に接近化したと評価できるかにつき沿革をもとに検証し、両者の接近化が実務に与える影響も指摘します。

2　会社分割と事業譲渡

（1）　事業譲渡における事業性

譲渡するに際して株主総会の承認を要する事業は、個別財産の単なる集合体ではなく、一定の事業目的のため「組織化され有機的一体として機能する財産」であり、社会的活力を有するものです。その中核をなすものは、財産的価値ある「事実関係」（伝統、得意先関係、仕入先関係、営業上の秘訣、経営の組織、地理的条件など）であり、これによって事業はそれを構成する各個の財産の総和よりも高い価値を有することとなります。この価値を高める上で、労働者の存在は小さくありません。事業譲渡は、会社の事業の全部または重要な一部を譲渡することであり、その結果、譲渡会社がこれまでの事業活動を維持できなくなるとか、大幅な規模の縮小を招くなど株主の利益にとって重大であるため、ここに株主保護の要請があるのです。重大さに程度の差があるとしても、事業の重要な一部の譲渡にも事業の全部譲渡の場合と同じ「事業性」（有機的一体として機能する組織的財産）を要すると解すべきで、単なる財産では足りません。そして、経済的効果の点で共通する会社分割についても、その対象に事業性を求めることとなりますが、これに対して事業性を要しないとの見解もあります。なお、単なる財産の処分は、それが重要であっても業務執行機関の守備

範囲に属し（362条4項1号）、株主総会決議は不要となります。

なお、事業譲渡の場合に移転されるべき財産の範囲が問題となりますが、事業に関する一切の財産を移転する必要はなく、特約で一部を除外することができるため、特約による「労働契約」の除外が認められるかという問題が生じます。これに対して、会社分割は「部分的包括承継」とされるため、このような問題が生じないかにみえますが、会社分割の対象の要件から「事業性」を排除しても、「会社の事業に関して有する権利義務」の意義について不明確な点が残されます。

（2） **判例における事業譲渡の意義**

2005（平成17）年改正前の商法（以下、「旧商法」という）に関する事件ですが、判例は、株主総会の特別決議を要する旧商法245条1項1号（467条）の場合と、別の立法目的をもった旧商法24条（商15条）以下とで、事業譲渡の意義は同じであるとした上で、①有機的一体として機能する組織的財産の譲渡によって、②譲渡会社が営んでいた営業的活動を譲受会社に受け継がせ、③譲渡会社がその譲渡の限度に応じ法律上当然に旧商法25条（商16条）に定める競業避止義務を負う結果を伴うものとしています（最大判昭和40・9・22民集19巻6号1600頁）。かつての多数説は、この最高裁判例と基本的に同じ立場であり、しかも判例が現実に、②の営業的活動の承継と③の競業避止義務の負担を要件としているものと理解するのが、学説の多数であったようにみえます。

これに対して近年では、判例の趣旨を再評価し、判例は現実に②および③を要件とするものではないと理解する学説も有力になりつつあります。判例の立場についてはいずれとも断定しかねますが、次のことだけはいえそうです。株主総会の承認決議の要否は、事業を譲渡する時点で判断することを要し、事業譲渡後の譲受会社の行動をみてから判断されるものではない。そうであれば現実に②③を問題とするのではなく、客観的にみて②③を伴うと判断できるような状況で、①の組織的財産が譲渡されれば足りる。判例はそのことを意味していると理解することもできます。

（3） **会社分割制度の創設**

会社分割制度の創設前には、事業譲渡によると以下のような問題がありました。①事業を現物出資するには検査役の調査が必要とされたため、営業を一時

停止する必要に迫られた。②事業譲渡では他の会社に対して権利義務関係を包括的に移転することができないため、個別の移転行為について多大な労力と費用負担を要した。③事業譲渡では実績が承継されないため、資格、許認可などの引継ぎができず、会社の計算が継承できないといった企業会計上の問題もあった。そして、④課税上にも問題があり、法人税法では、資産や事業の譲渡における含み益の課税繰延が、一定の要件を満たす場合にしか認められない。

　以上の問題点は、会社分割制度の導入によって次のように解消されました。すなわち、①検査役の調査は、会社分割制度を活用すれば避けることができる。ただし、「検査役の調査」を不要とする理由は必ずしも明らかではない。②会社分割は部分的包括承継であるため、分割会社の債権者や契約相手方の同意を個別に得なくても、分割計画書または分割契約書の記載に従って権利義務は承継会社等に移転される。③会社分割によれば事業の移転に伴う過去の実績の引継ぎが可能となるため、移転される事業にかかる免許・許認可等の承継の可能性もあり、計算を承継会社等が引き継ぐこともできる。④課税上の問題も会社分割の活用で大幅に解消されるというわけです。

　ところで、会社分割の方法による場合は「検査役」による調査が不要であるとされますが、その理由はどこにあるのかが問われます。創設当時、会社分割の対象は「営業の全部または一部」とされました。営業に限定した理由は、個別財産による会社分割を認めると現物出資の手続の潜脱を招くからであるとされてきました。しかし、そうだとすると、会社分割の手続の中に移転される財産の過大評価を防止する手段が備わっておりさえすれば、個別財産が会社分割の対象になっても問題は生じないといえます。個別財産の移転が現物出資手続の潜脱になるというのは、結局、会社分割手続の中に、承継財産の過大評価の防止策がないことによります。このような理由づけを是認した上で、さらに次のような問題が提起され、これに対してひとつの理由づけが試みられました。すなわち、個別財産について過大評価を防止する仕組みがないのに、当時、「営業」が対象になるとなぜ検査役調査が不要となるのかについて、会社分割制度は企業再編を迅速かつ円滑に行うための制度であるからであると説明されたのです。そうであれば、一般の現物出資の場合にも同じことがいえるのではないでしょうか。企業再編は会社分割だけでなく、事業譲渡さらには事業の現

物出資によっても実現することができます。立法論になりますが事業の現物出資についても検査役の調査を免除する余地を検討すべきではないでしょうか。これは検査役調査の制度のあり方に対する問題提起でもあります。

3　会社分割と事業性の要否

（1）　創設時における会社分割の対象

　会社分割制度が創設された当初、分割の対象は、1999（平成11）年に公表の「中間試案」で示された分割する会社の「権利義務の全部または一部」ではなく、最終的には「営業の全部または一部」とされました。中間試案で「権利義務」としたのは、会社分割の制度を柔軟な使い勝手のよいものにするため、その対象を広く認めることを意図したことによりますが、以下のような理由で当初の商法改正では「営業」とされました。すなわち、①会社分割は企業再編のための「組織法上の行為」であるので、それにふさわしいものが分割の対象とされるべきであるということ、②権利義務の一部の分割は、現物出資の潜脱になるという意見があったため、営業という表現に改められたこと、さらに、③営業という概念は当時の商法にも規定があり判例でもその意義がかなり明確になっており、分割の対象を営業とすることにより営業単位で権利義務が移転する結果、営業の解体を避けることもできることから、たとえば労働者の雇用の場を確保することもできること等の理由が示されていました。このような経緯を踏まえて、創設当時の議論でも、会社分割制度を広く利用させるため、会社分割の対象としての「営業」は、営業譲渡における営業の概念よりも広義のものと解すべきであるとの指摘がみられたのです。

（2）　会社法における会社分割の対象

　会社法では、制度創設当時の中間試案の姿に戻って「事業に関して有する権利義務の全部または一部」と規定されました。会社分割の対象となる「権利義務」（2条29号・30号）の意義については、会社法の規定ぶりから「単なる権利義務」の承継で足りるとの立案担当者の説明があり、有機的一体性も事業的活動の承継も要件でないとされます。これまでの経緯からすれば、会社法では事業譲渡におけるのと同じ「事業性」（有機的一体として機能する組織的財産）を要

しない趣旨であるといえなくもないのです。立案担当者は「事業に関して有する権利義務」で足りるとし事業性を不要としており、このように解することができれば、たとえば事業性を維持するために承継する権利義務の取捨選択の範囲に悩まされることもなくなり、実務的なメリットが大きいとの指摘もあります。しかし、事業性を不要とする姿勢が極端に徹底されると、たとえ機械1台の譲渡でも（さらに極論すればボールペン1本でも）会社分割になりそうですが、そのような解釈は行き過ぎです。基本的には旧商法と同じく、会社法467条の事業譲渡の規制対象となる「事業性」を有する財産と解する有力説があり、私もその方向で考えています。なお、会社法では会社分割の対象が変更されましたが、この点については改正の過程で特に議論された形跡もなさそうです。会社分割と事業譲渡の経済的効果には類似点があり、両者とも原則的に株主総会の特別決議を要し、反対株主には株式買取請求権が認められる点でも共通していることに目を向けるべきです。

（3）　事業性の要否をめぐる議論

会社法には会社分割の対象を事業に限定することを示す規定がないことを根拠に、広く分割会社の事業一般に関する権利義務であれば足りるとする見解があります（森本滋編『会社法コンメンタール17』262頁〔神作裕之〕（商事法務、2010年））。しかし、そのように解すれば事業概念の不明確さに悩まされず分割対象が明確になるかといえば、この論者も指摘するように検討すべき問題は残ります。それは、会社に属する権利義務のうち会社の「事業」に関しないものがありうるかということです。その会社の事業に関しないものがあるとすれば、それは分割の対象とならないわけです。この点につき参考となる最高裁平成20年2月22日判決（民集62巻2号576頁）では、会社法5条（商行為）に関する解釈について、「会社の行為は商行為と推定され、これを争う者において当該行為が当該会社の事業のためにするものでないこと、すなわち、当該会社の事業と無関係であることの主張立証責任を負う」と判示されたことから、判例は「会社の事業に関しない権利義務」もありうることを前提としているように解されます。したがって、分割対象から「事業性」の要件を排除しても、完全に明確となるわけではないのです。この論者は、そのことを認識したうえで、会社の有する権利義務はすべて当該会社の「事業に関して」有するものと解すべきであ

ると結論づけます。その理由については、この判例の立場を前提とすれば、「その事業に関して」有するものではないとされて会社分割の効力が否定される可能性もあり、そのことは事業概念を排除して「事業に関して有する権利義務」に変更した会社法の立法趣旨に反するから、判例の立場を前提とするにしても、「概念の相対性」により、会社分割の規定では会社に帰属する権利義務のすべてを含む広い概念と解すべきであると説明されます。このように「事業性」を排除することを主張した上で、会社分割の効用等からすれば、一般論としては、機能的関連性を有する権利義務を一般承継してこそ会社分割の効用が発揮されるのであり、他方、有機的一体性のない個別の権利義務を承継させる会社分割の中には濫用的な目的のものも存在すると推測されるということを認め、実務では機能的に関連する権利義務を会社分割の対象とすることが望ましいとされるのです。

　そうであれば、会社分割における債権者保護の見地から濫用的会社分割が判例でも深刻な問題とされていることでもあり、その点も視野に入れれば「事業性」を会社分割の対象に求める方向が適正ということになるのではないでしょうか。事業概念を排除しても上述のように不明確さは残されるので、それよりも会社分割の効用を発揮できて濫用防止にも有効であるということを重視すべきです。事業譲渡については長年の蓄積もあり、事業の一部についても事業性を求めることで会社分割の効用を発揮することができます。その効用を形式的な手続さえ踏めば想定外のところまで及ぼしうるという危険性こそ排除すべきです。会社分割は、債権者の個別同意もないまま承継会社等に債務移転の効果を生じさせるものであり、そのような効果の必要な場合に限るべきです。

4　事業譲渡に係る法規制と会社分割

（1）　会社分割と競業避止義務

　会社分割制度を創設する中間試案の段階では、事業譲渡と同様に競業避止義務が規定されていました。これに対して競業は私的自治に委ねるべきとか、分割計画書または分割契約書に禁止規定をおいた場合にのみ競業避止義務を負うことにすべきであるなどの反対意見が多くみられたため、この義務は規定され

なかったのです。ところが、会社分割制度の導入当時、分割会社にも旧商法25条（21条、商16条）を類推適用して競業避止義務を負うとの解釈が有力でしたので、会社分割の際に競業避止義務を排除する条項を置くことで実務は対応せざるをえず、その妥当性に実務家からの強い批判もあります。すなわち、①事業譲渡と会社分割は法概念として異なり、法定競業避止義務が実務上合理性のないものであり、両制度の経済的効果が似ていることをもって、会社分割に事業譲渡の競業避止義務規定を類推適用するのは問題で、競業避止義務の拡大解釈は避けるべきである。②会社法に必要であれば競業避止義務規定を置くことができたのに明文化しなかったことから、立法者の意思も競業避止義務の規定を類推適用しなかったものと考えられる。③会社法2条29号および30号では、会社分割の対象が、「事業に関して有する権利義務」とされており、競業避止義務を定める同法21条が「事業を譲渡した会社は」としていることも、類推適用に慎重であるべき根拠となる。このような理由を挙げて批判しています。

会社分割制度を広く利用させるには、会社分割について明文のない「競業避止義務」を課すことは慎重に判断すべきでしょう。事業譲渡に関しても、長期間の競業避止義務を定める規定のあり方には批判もみられるところであり、実際に合意される競業避止の期間はそれほど長くはないものと推測されます。いずれにせよ、事業譲渡に係る会社法21条の規定は抜本的に見直す必要があり、そのことからも会社分割に類推することは避けるべきでしょう。

（2） 会社分割と商号続用者責任

事業譲渡に関する商号続用者責任規定（22条）については、会社分割に類推適用されるとの最高裁平成20年6月10日判決（判時2014号150頁）があります。本件は、預託金会員制のゴルフクラブの法人会員であるX株式会社が、そのゴルフ場を経営していたA株式会社の会社分割により当該ゴルフ場の事業を承継したY株式会社に対し、A会社が使用してきたゴルフクラブの名称をY会社が引き続き使用していることを根拠に、会社法22条1項が類推適用されると主張して、本件預託金の返還を求めた事案ですが、最高裁は、会社分割と事業譲渡の共通点を理由に以下のように類推適用を認めました。「なぜなら、会社分割に伴いゴルフ場の事業が他の会社又は設立会社に承継される場合、法律行為によって事業の全部又は一部が別の権利義務の主体に承継されるという点

においては、事業の譲渡と異なるところはなく、事業主体を表示するものとして用いられていたゴルフクラブの名称が事業を承継した会社によって引き続き使用されているときには、上記のような特段の事情のない限り、ゴルフクラブの会員において、同一事業主体による事業が継続しているものと信じたり、事業主体の変更があったけれども当該事業によって生じた債務については事業を承継した会社に承継されたと信じたりすることは無理からぬものというべきであるからである。」と。

　会社法では、会社分割の対象が「事業に関して有する権利義務」となり、事業の移転と異なることを理由に、会社法22条の類推適用の基礎が減少したとの見方もありますが、会社分割の対象については、「事業性」を要件とする見解も有力であり、類推の基礎に変化があったとは断定できません。類推適用の基礎が減少したとする論者がいうように分割の対象が拡張されたと解するのであれば、なおさら詐害的な会社分割が容易になるため、会社法22条類推適用の領域がさらに拡大するともいえます。会社法22条の類推適用に否定的な見解は、会社分割については債権者保護手続が定められており、事前・事後の開示があることを理由に挙げますが、これに対し、物的分割については債権者異議手続があるとしても個別催告が不要であること等を理由に一般法理による保護の必要性があると指摘されます。事業譲渡に比べて、会社分割の場合に債権者保護のレベルを引き下げる理由はないように思われ、会社分割制度の立法政策としては、債権者保護よりも競争力強化に重点があったのは事実で、それに起因する詐害行為事案も多発しています。

　会社法22条を類推適用する最高裁判決の結論を支持する実務家も少なくないのです。会社分割に事業性を要件とすれば、会社分割と事業譲渡には共通性が認められて、同じ取り扱いをすべき基礎があるということにもなります。確かに会社分割には債権者保護手続がありますが、Ａ社がＢ社に会社分割をする場合に債権者保護手続をした上で、Ａ社の債務をＢ社に移転させないときは、事業譲渡について債権者が債務の移転に同意しなかった場合に酷似しているともいえます。そうであれば、会社分割でも商号の続用がある限り、Ｂ社に債務を負わせないと事業譲渡との関係でバランスを欠くともいえるわけです。会社法を制定する際に、この点を規定上明らかにすべきであったのに、それがなさ

れなかったのは類推適用しないというのが立法者の意思であったと解する余地もあります。しかし、妥当な結論を導くためには類推適用を制限すべきではないのです。

（3） 会社分割と「債務の履行の見込み」

事業譲渡については譲渡および譲受会社の財務状況について特に規制はないのですが、会社分割に関する旧商法374条ノ2第1項3号および374条ノ18第1項3号の「債務ノ履行ノ見込アルコト」という規定ぶりによれば、会社分割の場合は債務の履行の見込みがあることが効力要件であると一般に解されていました。ところが会社法では、開示事項が会社法施行規則に委ねられ、「債務の履行の見込みに関する事項」の開示とされ文言表現も改められたため（782条1項、会施規183条6号、794条1項、会施規192条7号）、債務の履行の見込みが要件となるのかが議論となったのです。これについて立案担当者は、債務の履行の見込みがないことは会社分割の無効事由にはならないとした上で、債務の履行の見込みのない会社分割を行った場合は、詐害行為取消権（民424条）行使の余地があると説明されます。債務の履行の見込みは将来予測であり法的安定性を害することが主な理由です。これに対しては、旧商法と同じく、債務の履行の見込みがあることを会社分割の効力要件とする有力な見解もみられます。

これについては、会社分割の効力要件という重要な事項が、必ずしも明確でない「債務の履行の見込み」という要件で判断されるのは、会社分割の法的安定性の確保の点から問題ということができます。それゆえ、会社法の下では債務の履行の見込みは会社分割の効力要件ではないとする解釈論が勢いを増すと予測できそうで、このような解釈が定着すれば、会社法の下では会社分割と事業譲渡がさらに接近してきたということもできます。

（4） 会社分割の当事会社

事業譲渡の当事会社については会社の種類に制約はないのですが、会社分割に関しては、この制度が導入された2000（平成12）年改正商法の当時から会社法に至るまで会社の種類に制約を設けてきましたが、それには疑問が示されています。「分割会社」となりうるのは、株式会社と合同会社に限定され（2条29号・30号）、合名会社と合資会社は除外されています。その理由については、合名と合資会社においては無限責任社員が会社債務につき責任を負いますが、

会社分割により会社債務を他社に承継させることを認めると会社債権者が不利益を受ける恐れがあると一般に説明されてきたのですが、これは説得的でしょうか。合名会社・合資会社は単なる定款変更によって「合同会社」になれるので、合同会社に変更した後、株式会社等を承継会社とする吸収分割を行い、再びもとの合名会社・合資会社になることで会社分割類似の行為を行うことができるわけです。合名会社・合資会社は合同会社と同じ「持分会社」の枠内にあるのに、合同会社と区別することに実質的な意味はなさそうです。したがって、立法論ですが、合名会社・合資会社も合同会社と同様に分割会社として認めることも検討すべきでしょう。

なお、会社分割における「承継会社・設立会社」については会社の種類に制約がなく、合名会社や合資会社も認められます（757条・760条・765条）。これを押し進めて「分割会社」についても会社の種類による制約を排除できれば、さらに会社分割と事業譲渡の接近化が認められることになります。

5　機能接近化と実務上の課題

（1）　事業譲渡に係る規制の類推適用

事業譲渡と会社分割は会社法では異なる制度とされており、両者には、次のような相違点がみられます。①事業譲渡の対象は事業性を要するが、会社分割の対象は用語の上では事業ではない。②事業譲渡の相手方は会社に限定されないが、会社分割は会社に限られ会社の種類まで制約がある。③事業譲渡の無効の主張方法については制約がないが、会社分割の無効は会社分割無効の訴えによる必要がある。④事業譲渡では、譲渡会社の債務を譲受人が引き受けるには債権者の同意を要するが、会社分割は部分的な包括承継で偶発債務も含まれ、債権者異議手続が存在するため個別の同意は不要である。⑤「会社分割に伴う労働契約の承継等に関する法律」（労働契約承継法）の適用の有無にも違いがある（ただし、2016年8月末まで）。さらに、⑥税務上の取扱にも差異があり、会社分割について軽減措置がある点が実務上では大きなメリットとなります。

以上のような相違点があるものの、商号続用者責任について会社分割への類推を認めた最高裁判例も判示しているように、事業等の譲渡と対価取得の取引

という点で両者の経済的機能には共通点があります。これに対価柔軟化も考慮すれば、ことさら会社分割を組織法上の行為と位置づける根拠も必要性もなくなり、法的実質においても両者には目に見える差異はないと総括することができます。このように両者の接近化が明らかとなったことで、事業譲渡に係る法規制を会社分割に類推適用したのを一歩進め、原則として両者を統一的に規制することを検討すべきでしょう。それが妥当な方向だとすれば、両者が並存する意義を改めて考えた上で、実務に影響の大きい両者の棲み分けを明らかにする必要があります。

（2） 詐害的会社分割に関する会社法改正法案と事業譲渡

　2013（平成25）年11月29日に決定された会社法改正法案によれば、分割会社が残存債権者を害することを知って分割をした場合には、残存債権者は承継会社等に対し「承継財産の価額」を限度として自己に対する債務の履行を請求できるとしています（会社法案759条4項・761条4項・764条4項・766条4項）。この会社分割に関する規律と同様の規律（同法案23条の2）を事業譲渡にも設けましたが、このような部分的な規律の統一ではなく、根本的に両者の一本化を追求すべきです。さらに、2013（平成25）年の民法改正中間試案でも詐害行為取消権に係る試案第15の規定が公表されており、2015（平成27）年3月には、民法（債権関係）改正法案（詐害行為取消請求は同法案424条以下）として国会に提出されました。詐害的な会社分割・事業譲渡に係る会社法規制と民法との適用関係をめぐって、両者は競合するのか、民法規定が排除され会社法の規律のみ適用されるのかという新たな解釈問題を生じます。その結果は実務の取扱いにも大きな影響を与えるため、さらに慎重な検討を要します。

（3） 労働契約承継の効力

　労働契約承継法の適用を受ける会社分割と民法625条の原則に依拠する事業譲渡とで、労働契約承継の効力に差異がありますが、会社分割と事業譲渡の接近化に着目すれば、実務処理上いずれに統一すべきかが問題となります。Y1社がY2社に事業を移転する場合、Y1社に雇用されている労働者Xらは、Y2社に雇用関係を主張できるか。Y2社が労働契約を承継しなくても、XらがY2社に雇用の継続を主張できるのか。会社分割と事業譲渡の間で労働契約の処遇が異なってよいかは実務上重要な問題となります。両者の果たす機能に

違いがないのであれば、労働契約の取扱いも同じにすべきではないかが問われます。その場合にどちらに合わせるべきかが大問題で、これを議論する前提として、労働契約承継法の再検討が急務です。同法3条によれば、分割される事業に主として従事する労働者は、一定の条件のもと承継会社等に移転させられるため、承継会社等の状況によっては労働者に不利益な場合もありえます。深刻な労働問題を生じないためにも、実務上、労働者保護に配慮した契約の内容とその手続の進め方に留意すべきです。そこで、(4)に注目しましょう。

(4) 新しい法制の動向

会社分割に関する労働契約承継法に係る規則および指針が改正され、事業譲渡および合併に伴う労働関係上の取扱いに係る指針も新設されました。2016(平成28)年4月に、「組織の変動に伴う労働関係に関する対応方策検討会報告書」(労働判例1133号(2016年6月15日)94頁参照)が公表され、事業譲渡等に関しても労働契約承継に係る指針が新設されました。8月には改正された施行規則・指針(会社分割)および新設の事業譲渡に係る指針が公布され、特に新しくできた事業譲渡に係る指針が注目されます。いずれも、同年9月1日から適用されました。

《参考文献》
西村高等法務研究所責任編集・落合誠一ほか編著『会社法改正要綱の論点と実務対応』(商事法務、2013年)
山下眞弘『会社営業譲渡の法理』(信山社出版、1997年)
同『営業譲渡・譲受の理論と実際——営業譲渡と会社分割〔新版〕』(信山社出版、2001年)
同「会社分割・事業譲渡の機能接近化と実務への影響」関西商事法研究会編『会社法改正の潮流——理論と実務』(新日本法規出版、2014年)
同「事業譲渡・会社分割と労働契約承継の効力」出口正義ほか編『企業法の現在——青竹正一先生古稀記念』(信山社出版、2014年)

第5章　商号続用責任規制の解釈論と立法論

《本章の要旨》
　企業が倒産に瀕したとき密かに第二会社に事業と商号を移転させ、譲渡人の債権者への弁済を免れる行為に出ることがあります。このような場合に備えて、譲渡人の債権者が事業譲受人に責任を追及できるよう会社法22条1項があるのですが、2項の免責登記によってその責任を逃れられるため、2014（平成26）年の会社法改正で詐害行為に対処する同法23条の2が新設されました。そこで既存の商号続用責任規定との関係が問題となり、両者の守備範囲が問われ、22条は不要となるのかという議論が生じました。本章では、諸外国や日本の学界での議論も参考にし、実務界における実践例もふまえて詳説します。

1　何が問題なのか

　A社がY社に事業譲渡あるいは会社分割により事業を移転した場合、A社の債権者Xは事業承継会社であるY社に対して、自己の債権を行使できるでしょうか。現行法では、会社法22条1項（商17条1項も同じ）が、規定の上では債権者の過失の有無や善意・悪意を問わず、「商号続用」の有無のみを要件として、「無限責任」を追及できるとしています。そして、この規定を会社分割にも類推適用するのが判例の立場です（最判平成20・6・10判時2014号150頁）。さらに、2014（平成26）年の会社法改正によって、詐害的な事業譲渡・会社分割の場面で、悪意のY社に対する「有限責任」の追及が認められました（23条の2第1項、商18条の2第1項、759条4項以下、同761条4項以下、同764条4項以下、同766条4項以下）。このような法改正が従来の議論にいかなる影響を及ぼすかが、検討課題に追加されました。

　なお、これに関連して、譲渡人の「債務者」が、譲渡人の商号を続用した譲受人に対し誤って弁済したらどうなるかも問題となりますが、会社法22条4項

および商法17条4項が、譲受人にした弁済は、弁済者が「善意かつ無重過失」である場合に限って効力を有すると規定しており、これは理解できます。受領資格のない者と知ったうえで、その者に弁済しても効力は生じないのは当然です。これに対し、譲渡人Aの債権者Xが、譲受人Yによる「債務引受」のないことを知っている場合でも、22条1項の規定ぶりでは請求できることになっています。そこで、事業譲渡を中心に本条1項に関する従来の議論から検討します。

（1） 譲渡会社の商号続用と譲受会社の無限責任

日本法の母法ドイツ商法25に係る議論が参考となります。また、2005年のオーストリア企業法典38条1項1文が、商号続用基準によるドイツ商法典から離れ「商号続用」基準を棄てました。すなわちドイツ商法典25条1項に相当する規定に代えて、任意規定ではあるのですが、事業譲受人が事業を継続する場合、商号続用の有無にかかわらず、譲受人は譲渡人の事業に係る債務を引き受ける旨の規定が新設されました。このオーストリア法の規制は、日本法の解釈論・立法論にも参考となりそうです。

（2） 企業再建と第二会社方式の活用

第二会社方式は、破綻した会社の事業を事業譲渡や会社分割によって別会社に承継させ、もとの会社は特別清算手続等で清算して実質的に債権放棄を受けるスキームです。あるいは、スポンサー企業に事業を移さず、旧会社の経営陣が第二会社として新会社を設立し、自己が事業を承継する自主再建もあります。この場合は、しばしば新旧両会社は「実質上同一」であると評価される傾向にあるため、ここに旧会社の債権者が新会社に対して旧会社の債権につき責任を追及するという背景が認められます。

弁済を免れる目的で、債務だけを残して事業を移転する詐害的な行為は許されるべきでありません。しかし、債務の弁済を目指して、企業の過剰債務を解消して事業の継続やその円滑な承継を図るため、経営困難に陥っている会社が、事業譲渡や会社分割によって採算部門を第二会社に移転させ、新たな資金提供者や企業承継者などのスポンサーを求めて事業再生を実現するというような第二会社の活用は健全な行為と評価できます。企業の健全な再建には、再建すべき旧会社の債権者保護と会社再生の実現とを両立させることが求められま

す。債務の弁済が遅れても再建が実現すれば債権者保護になるわけです。第二会社で事業を継続して、やがて旧会社の債務を弁済するのであれば、そのような事業譲渡や会社分割は保護に値します。「詐害行為」による事業譲渡等が問題なのです。

単に商号を続用すれば、それだけで事業譲受会社が譲渡人の債権者に即刻責任を負うとする現行法のあり方に合理性があるのかが問題となります。しかも、この原則には例外規定（22条2項、商17条2項）が用意されており、その原則が排除されるのです。譲受人の立場にたてば、商号続用の場合だけでなく「屋号続用」についても、免責登記をしておくのが無難といえますが、債権者としては信義則違反を問いたいところです。なお、商号を続用しなければ、譲受人は譲渡人の債権者に一切責任を負わないという扱いに合理性があるのかという点にも疑問が生じ、「商号続用」の有無だけで結論を左右する現行法の規制の在り方には検討の余地があります。

（3） 事業譲渡と会社分割の意義

会社の事業譲渡（2005（平成17）年会社法制定前は営業譲渡）とは何か。旧商法に関する事件で、判例は、①「有機的一体として機能する組織的財産」の譲渡によって、②譲渡会社が営んでいた「営業的活動」を譲受会社に受け継がせ、③譲渡会社がその譲渡の限度に応じ法律上当然に旧商法25条（商16条）に定める「競業避止義務」を負う結果を伴うものとしています（最大判昭和40・9・22民集19巻6号1600頁）。かつての多数説は、この最高裁判例と基本的に同じ立場であり、判例が現実に、②の営業的活動の承継と③の競業避止義務の負担を要件としているものと理解するのが、学説の多数であったようにみえます。

これに対し近年では、判例の趣旨を再評価し、判例は現実に②および③を要件とするものではないと理解する学説が有力になりつつあります。すなわち、株主総会の承認決議の要否は、事業譲渡後の譲受会社の行動をみてから判断されるものではないので、現実に②③を問題とするのではなく、客観的にみて②③を伴うと判断できるような状況で、①の「組織的財産」が譲渡されれば足りるというわけです。判例はそのことを意味していると理解することもでき、そうであれば、判例を支持することもできます。「有機的一体として機能する組織的財産」を重視し、「事実関係」を重視すれば、通常は営業的活動の承継が

なされる結果、個別の財産譲渡と異なり事業譲渡が成立するには、「商号」を伴うのが原則的となるはずです。ただし、「商号続用」は事業譲渡の成立要件ではありません。

なお、会社分割については、分割の対象は権利義務で足り、「事業性」を要しないとする見解もありますが、それでは工場の中の機械1台でも会社分割の対象となってしまいます。事業譲渡と会社分割の対象を区別する合理性は見当たらず、いずれも事業を対象とすべきです。ただし、会社分割の対象は権利義務との見解も強く主張されていますので、実務上留意すべきです。

2　会社法22条1項の立法趣旨

（1）　本条導入の経緯

2005（平成17）年の会社法制定による同法22条以下および商法17条以下ができる前の旧商法26条から29条（1938（昭和13）年新設）は、現行の規定と内容に変わりがなく、ドイツ商法25条にならったものでした。ドイツ商法25条の規定を要約すれば、①商号を続用する譲受人は譲渡人の「すべての営業上の債務」について原則として弁済の責任を負う旨定め、②商号の続用がない場合は、譲受人が商慣行的方法で債務引受を公告した場合にかぎり責任を負うと規定しています。そして、ドイツで通説とされた「権利外観説」の前段階では、譲受人が商号の続用で旧債務を負う「意思表示」をしたと解されていましたが、それが擬制的との批判を受けたため、修正した結果、権利外観説が判例でも採用され通説化したという経緯があるのです。このような歴史的背景のない日本に、ドイツ商法25条と同様の規定が当初から「権利外観」と理解され導入されたわけです。このような事情で商号続用責任規定の趣旨についても、わが国では外観理論を根拠とするのが当初の通説となりました（最近のドイツ法の状況について、新津和典「会社法22条の趣旨と2項の意義——その起源であるドイツ法での立法理由から」銀行法務21・752号22頁）。

（2）　これまでの本条の趣旨説明

①　外観理論による説明

かつての通説は、禁反言の法理あるいは外観理論を根拠にしており、判例も

基本的にはこのような立場でした。要するに、商号が続用される場合は、営業上の債権者は営業主の交替を知りえず、譲受人たる現営業主を自己の債務者と考えるか、あるいは事業譲渡の事実を知っていても、そのような場合は譲受人による債務の引受けがあったものと考えるのが常態で、いずれにせよ債権者は譲受人に対して請求をなしうると信じる場合が多いとされました。これに対しては、外観保護を強調するのであれば、債権者の「主観的事情」が問題とされるべきであるのに、これが問われないのはどうしてかといった批判がなされます。

② 企業財産担保による説明

現行法では主観が問われないため外観保護によらず、営業上の債務は「企業財産」が担保となっているので、債権者を保護するため会社法22条1項は、原則として企業財産の現在の所有者である譲受人が併存的債務引受をしたものとみなした規定と解する見解もありました。しかし、これに対しては、企業財産の担保力を考慮したのであれば、債権者保護を「商号続用」の場合に限って規定した理由はないともいえます。そこで、上記の説と併せて規定の趣旨説明をする見解もみられました。

③ 譲受人の意思を根拠とする説明

その後、商号続用の有無によって事業譲受人の債務承継の「意思」を認める見解が現れました（田邊光政『商法総則・商行為法〔第4版〕』（新世社、2016年）155頁）。これは、現行規定の立場を解釈論の範囲内で説明するには、債権者側からではなく事業「譲受人側」の事情から説明するほかないとの認識に立つもので、営業上の債権者を保護する諸規定を一貫して説明するものともいえます。これに対しても、意思の推定は擬制的にすぎるとの批判もなされました。この批判に対する反論としては、現実の意思の存在を問うものではなく、商号続用の「事実」に意思の存在を認めるものであるとの反論もできそうです。

④ 詐害的な事業譲渡の防止が目的との説明

最近の説明として、商号続用の有無で区分する会社法22条の適用が問題となるのは、債務者の弁済資力が危機的状況にある場合であるから、事業譲渡の方法による債務者の「詐害的行為」を抑制するとともに、債権者・債務者・譲受人の三者による協議に向け誘導するルールが必要となり、抜け駆け的な事業譲

渡による詐害的な再建を防止するために本条があります。商号続用の譲受人は、会社法22条2項に定める「登記」をしない限り、当然に譲渡人の営業上の債務をも引き受けたものと扱うことによって、免責登記をするよう誘導するのが狙いであると説明されます（落合誠一「商号続用営業譲受人の責任」法学教室285号31頁）。これに対しては、登記することで譲渡人の営業上の債務を引き受けなくてよいとされる根拠が明らかでないとの批判もありますが、この点については、同条2項の免責登記制度に問題があるということもできます。

⑤　諸説のまとめ

以上により、現行法を単一の根拠をもって完全に説明し尽くすのは困難であることが分かります。そこで、会社法22条の「詐害譲渡防止機能」も重要な根拠になるとの視点から検討がなされてきましたが、現行の会社法22条はそのまま維持され、平成26年会社法改正で詐害事業譲渡（23条の2、商18条の2）および詐害会社分割（759条4項以下）の規定が新設されました。そこで改めて、現行会社法22条が存在する意味はあるのかが問われます。会社法22条（商17条）の全体を一貫して説明できないのは、それぞれ2項・3項に問題があるのではないかと問題視されています。

(3)　本条2項・3項の趣旨

まず、本条1項を確認しておきます。事業譲渡の当事者間で事業上の債務が「譲受会社」に移転する場合であっても、債権者に対する関係では、譲受会社が債務引受け等をしない限り、譲受会社は当然には債務者とはならず、「譲渡会社」が債務者です。また、事業上の債務が特約で事業譲渡の対象から除外されている場合も、いうまでもなく債権者は依然として「譲渡会社」です。第三者との関係では、債務者は基本的に譲渡会社なのです。このことを前提に、本条1項では、債権者保護のために商号続用責任を定め、譲受会社が譲渡会社の「商号」を引き続き使用（続用）すれば、譲受会社も譲渡会社と並んで責任を負うものとしました。

そこで、本条2項は、譲受会社が免責される場合について定めました。すなわち、事業を譲り受けた後、遅滞なく譲受会社が、その本店所在地において譲渡会社の債務を弁済する責任を負わない旨を「登記」した場合には、譲受会社は本条1項の責任を負わないものとしたのです。また、事業を譲り受けた後、

遅滞なく譲受会社および譲渡会社から第三者に対して、弁済責任を負わない旨の「通知」をした場合には、その通知を受けた第三者に対しても責任を負わないものとしました。これは、登記または通知という明確な手続をとる場合に限って、譲受会社が本条１項の責任を免れるとする趣旨です。しかし、事業譲受人の一方的な登記・通知によって責任を免れることに合理的な理由があるかについては議論もあります。

　そして、本条３項は、譲渡会社の責任消滅につき定めています。譲受会社が本条１項により責任を負う場合に、譲渡会社の責任は、事業譲渡日後、２年以内に請求または請求の予告をしない債権者に対しては、その期間を経過したときに消滅するものとしました。この期間は時効ではなく、一定期間の経過で権利が消滅する除斥期間と解されています。３項についても、本来の債務者である譲渡会社の責任が一定期間の経過によって消滅することに合理性があるのかが議論となります。

3　最近の関連裁判例

（１）　商号と屋号の続用

　商号続用者責任に関する会社法22条１項が類推適用された事案として、「ゴルフクラブの名称」を続用した事案（最判平成16・２・20判時1855号141頁）がありますが、「屋号」続用の事案につき例外的に直接適用した事案（東京地判昭和54・７・19判時946号110頁）もあります。しかし、商号と屋号は法律上区別すべきであるとの指摘もあるのです。その理由のひとつに、「免責登記」が屋号には認められていないことが挙げられますが、「登記実務」では屋号の続用にも免責登記を認めるようで、この取扱いは会社分割も同様のようです（「商業登記の栞（13）免責の登記」登記研究674号97頁、「質疑応答7792」同誌675号247頁）。ただし、条文上は「商号」に限定されるかのように規定されているため、実務上、事前に管轄法務局と協議しておくのが無難でしょう。また、免責登記を根拠にした支払拒絶が信義則違反とされた事案にも留意すべきです（東京地判平成16・７・26金判1231号42頁）。

（2） 譲渡会社の略称を商号の一部に用い標章も用いた最新事例

最近、譲渡会社の従前の「略称」を商号の主たる部分に用い、かつ同社が使用していた「標章」を用いた譲受会社に会社法22条1項が類推適用された事案（東京地判平成27・10・2金判1480号44頁）が現れました。「ブランド」力に注目した判決（確定）です。本件は、銀行業務等を営む株式会社X銀行が、A社に対し貸付金債権を有していたところ、Aがその事業を株式会社Yに譲渡したため、XがYに、譲渡会社Aの事業によって生じた債務の弁済を求めた事案で、本件は最新かつ重要ですので、以下で詳しく紹介します。

《事案の概要》

　AとYの両社は以下の諸点で密接な関係にあった。すなわち、①AとYは登記上の事業目的が同一であり、その事業内容も基本的に共通していること、②譲渡会社Aの取締役であったBが譲受会社Yの代表取締役に就任し、その登記も完了していること、また、③Yの本店所在地もAが事務所として利用していた場所と同じであり、④Aの従業員もYが引き継いでいること、さらに、⑤Yの従業員の名刺にもAのホームページのURLが記載され、A社の代表取締役の名刺に記載されているのと同じファックス番号も記載され、かつ同一のデザインが印刷されていたことなどの事実が認定されている。

　その前提をもとに、AとYの商号は同一ではないが、Aが従前使用していたブランド力のある略称「Y」の文字をYがその「商号の主たる部分」に用いており、かつ、Aが使用していたブランドの象徴である「標章」もYが引き続き使用している。これらのことから、Xは、事業主体は譲渡会社と同一のままとの外観が作出されたことを理由に、これは商号の続用に準ずるものであるとして、会社法22条1項の類推適用を主張した。

《判決要旨》

　① 本件は事業の譲渡か（肯定）

　本判決は事業譲渡の意義を「一定の営業目的のために組織化され、有機的一体として機能する財産（得意先関係等の経済的価値のある事実関係を含む。）の全部又は重要な一部を譲渡し、これによって、譲渡会社がその財産によって営んでいた営業的活動の全部又は重要な一部を譲受人に受け継がせるものをいうものと解される（最大判昭和40・9・22民集19巻6号1600頁参照）。」とした上で、次の事実認定にもとづき「AはYに対し、平成24年7月頃、内装工事の設計、監理の業務について事業の譲渡を行ったものと認める」と判示した。

第1に、Yの代表取締役BがYにおいて事業を営むに至ったのは、平成24年初頭頃からAの債権者が事務所に詰めかけ、また預金の仮差押えを受けるなどの事態が発生して、従業員に給与の支払いができなくなることも予想されたので、「別会社」でこれまでの業務を行って収益を確保する必要に迫られたためであり、AとYの業務には「同一性」があった。第2に、Yは、Aが自己の略称として使用してきた「Y」というブランド力のある略称文字をYの商号の主たる部分に利用するとともに、Aのブランド力を象徴する標章も利用したのであるから、AからYに財産的価値を有する「ブランドの承継」がされたと評価することができる。第3に、Yは事業を開始した時点で、Aにおいて継続中であった案件を引き継いでおり、また「人的組織」の面でも、YはAから承継したものと評価することができる。また、Aは、Yが事業を開始して以降、ホームページでYが担当した業務を紹介し、Yも自己のホームページのURLとしてAのURLが表示され、Yの従業員の名刺にもAの上記URLが記載されており、さらにYの「本店所在地」はAの事務所であった場所と同一であったことからも、YがAの「事業を承継」したことを窺わせる。

② **本件標章の使用は商号続用に準ずるものか（肯定）**

「会社法22条1項が、営業譲渡〔事業譲渡の用語が適正、以下同じ—筆者注—〕の譲受会社のうち、商号を続用する者に対して、譲渡会社の債務を弁済する責任を負わせた趣旨は、営業の譲受会社が譲渡会社の商号を続用する場合には、従前の営業上の債権者は、営業主体の交替を認識することが一般に困難であることから、譲受会社のそのような外観を信頼した債権者を保護するためであると解するのが相当である（最判昭和29・10・7民集8巻10号1795頁、同昭和47・3・2民集26巻2号183頁参照）。

前記認定事実によれば、Yは、Aがかねてより英語表記の略称として用いていた『Y』という名称を商号とし、また、Aがかねてより使用していた本件標章を使用しているものであるところ、『Y』という名称はAという営業主体を表すものとして業界で浸透し、ブランド力を有するに至っており、また、本件標章はそのブランドの象徴として利用されてきたものと認められる。そして、一般に標章には、商号と同様に、商品等の出所を表示し、品質を保証し、広告宣伝の効果を上げる機能があるということができるところ、Yは、本件標章を従業員の名刺、ホームページのほか、顧客に交付する提案資料等に表示していたことが認められ、Yが、Aの略称である『Y』を商号の主たる部分としていたことと相まって、Aという営業主体がそのまま存続しているとの外観を作出していたものということができる。

そうすると、Aの略称である『Y』を商号の主たる部分とするYが、Aが使用していた本件標章を引き続き使用したことは、商号を続用した場合に準ずるものというべきであるから、Yは、会社法22条1項の類推適用により、AのXに対する債務を弁済する責任を負うものと解するのが相当である。」
　本判決は、会社法22条1項の趣旨を外観信頼の保護とする立場に立ち、ブランド力を有する譲渡会社の社名を英語表記した場合の頭文字「Y」(略称)を商号の主たる部分とし、かつ、ブランドの象徴である当該標章を続用したことは、商号を続用した場合に準じ、会社法22条1項の類推適用により、譲受会社は譲渡会社の債権者に対する債務を負うものと解するのが相当であるとしました。屋号続用に慎重な判例の姿勢との関係で、ここまで商号続用を拡張することには議論が予想されますが、本件では、ブランド力があったため、例外的扱いがされたものと推測できます。なお、分割会社がホームページ上で事業主体を示すものとして使用していた名称を続用した場合に同条が類推適用された先例もあります（東京地判平成22・11・29判タ1350号212頁）。

(3)　債権者の主観を不問とした事例

　最新の事例として、宇都宮地裁の判決では、事業を譲り受けた会社に会社法22条1項による責任が認められましたが（宇都宮地判平成22・3・15判タ1324号231頁）、その際に裁判所は債権者の主観的事情を問題としなかったのです。本判決は、会社法22条1項の趣旨を外観保護とは別に理解するものであり、学説の多数も、現在では債権者の「善意・悪意」といった主観的事情は問わないのです。現行法の解釈としては、正しい方向を示すものと評価できます。なお、本判決は、譲渡会社Aの商号「仙禽酒造株式会社」と譲受会社Yの商号「株式会社せんきん」とで読みが共通していることを理由に、商号の続用を認めましたが、Aの商号判読が難しく、一見して同一類似の商号と認められるのかという点には疑問もあります。
　同様の先例として、①東京高判昭和50年8月7日（判時798号86頁）があり、新会社は事業譲渡によって、その債務を旧会社と重畳的に引受けたものと解するのが相当とし、「善意・悪意を問題とせず」に債権者の請求を認容しました。続いて、②前掲東京地判昭和54年7月19日（判時946号110頁）も、会社法22条1項について個々の具体的な「知、不知を問わず」、商号の続用を要件とする「法定の責任」として譲渡人と同一の義務を負担させるものとしました。

その後、③東京地判平成18年6月5日（LLI/DB 判例秘書登載）が詳細な理由を示し、「会社法22条1項がその適用の要件として債権者の善意などの主観的要素を何ら規定していないこと、債権者が事業譲渡を知らなかった場合に、債権者がその存在すら知り得ない譲受人を自己の債務者であるとの外観を信頼するという状況が生じる余地はないこと、譲受人の事業譲渡後の商号続用によっても、債権者にはその外観によって譲渡人と譲受人との間の営業の同一性に対する信頼が生じるのみであって、これによって直ちに譲受人が譲渡人の債務を引き受けたとの外観が生じ、これに対する債権者の信頼が生じるとは解されないこと」に照らせば、会社法22条1項を「権利外観法理に基づく規定と解することは相当ではなく」、むしろ、営業上の債務が営業財産等を担保とするものであることから、債権者の保護のために、譲受人が譲渡人の債務を引き受けない旨を積極的に表示しない限り、譲受人の債務引受の意思表示の有無および「債権者の善意悪意等にかかわらず」、譲受人が「債務引受をしたのと同一の法的責任」を負わせた規定と解するのが相当であると判示しました。実務上も極めて注目すべき判決です。

4　商号続用基準か詐害性基準か

（1）　学会で提案された新基準

　2014（平成26）年会社法改正の数年前、第74回日本私法学会シンポジウム「商法の改正」で報告者から提起されたのは、現行法の「商号続用」基準に替えて、新たな「詐害性」基準の提案でした。これによれば、事業の譲受人の責任は「商号続用」と無関係になります。この主張は、詐害性を唯一の根拠とする立法論です（私法73号64頁（2011年））。

　要するに、商号を続用する事業譲受人の責任規定の適用が問題となるのは、「倒産に瀕している商人・会社が過大な債務から切り離して営業活動を別の主体に移転することで再建を試みる場面」であり、経営状態の悪化した者による詐害的な再建を抑止するという観点から検討すべきと指摘されます。そこで、民法424条の「詐害行為取消権」との関係が問題となりますが、たとえば詐害行為取消権を行使した場合の効果は、譲渡された事業の返還等であるため「事

業の価値」が譲受人の「責任の上限」となるのに対し、会社法22条が適用される場合には、譲受人が譲渡人の債務につき債務引受をしたのと同じく「無限責任」を負うことになります。したがって、詐害行為取消権とは別に事業譲受人の責任を定めることに意義があり、事業譲受人の責任規定も詐害行為規制であるから「詐害性」を要件とすべきであるとされたのです。

（2）　詐害性基準の問題点

　民法上の「詐害行為取消権」によると、取消で復元するだけであり債権者の保護として不十分であると評価されるのであれば、民法の一般規定を超えて、「法人格否認の法理」が適用されたのと同様に債務者に無限責任を課す結果を導く解決もありえます。これに対しては、詐害行為取消権で対処すべきとする見解もありうるのですが、いずれが衡平でしょうか。さらに問題は、「詐害性の立証」です。この点については、詐害性を立証するための情報が「譲渡人・譲受人」に偏在しているため、立証責任の転換も考慮の対象となります。

　詐害性の認定も困難です。たとえば、①譲渡して短期間で倒産に至ったとか、②譲渡対価が過少で不適正であるとか、③譲渡対価の換価が著しく困難になったような場合は、「詐害性」が強く疑われます。その判断にあたっては、譲渡会社の状況に応じて場合を分け、譲渡会社Aに「積極財産」があってそれをY社に譲渡した結果、A社に見るべき財産が残されていない場合で、対価が適正でなければ、A社の債権者Xは害される危険性が高いわけです。これに対し、事業を移転する前に、すでにA社が「破綻状態」でプラス財産が残存していなければ、Xの有する債権はもともと無価値であり、A社の債権者Xは譲渡前の段階ですでに債権回収が不能状態にあったわけで、その後どのような形でA社の事業がY社に移転されようとも、Xの利害には影響がないと評価することができるため、詐害性も認められないことになります。そこで、譲渡会社が無価値の場合は、現行の規定を前提としても、商号続用基準による解決は妥当でないということもできます。

（3）　商号続用責任規制の混乱原因

　一貫した説明が困難な原因について、1938（昭和13）年に導入された商号続用責任規制が想定していたのは、「同一商号のまま同一営業が継続」されておりながら、「営業主体の変更」がなされていたという事例でした。しかし、こ

の法規制が適用されたのは、想定とは異なるケースについてでした。初期の事例では、企業の「倒産・再建」の局面に関するもので、明確な営業譲渡が認定されずに、「商号、営業目的、人的構成、営業施設等」の実態がそのままでありながら、営業の移転があった事例が多数みられました。その後、同じ局面でも、譲渡人と譲受人が「同一視」できそうにない事例が目立ちはじめ、商号続用から「屋号」や「ゴルフクラブの名称」などの続用にまで類推適用されるようになり、さらに営業の「現物出資」や「賃貸借」にも類推され、そして「会社分割」にまで類推を及ぼすに至りました。

5 詐害事業譲渡規制の新設

（１） 平成26年改正と商号続用責任規制

そのような中、詐害的な場面に関する法規制が実現しました。2014（平成26）年の会社法改正により導入された詐害事業譲渡の新設規定（23条の２）と会社法22条との棲み分けはどうあるべきでしょうか。立法者が両者を並存させたため、会社法22条の解釈論が問題として残されました。もとより両者には違いはあります。たとえば、新設の詐害規定は「有限責任」ですが、商号続用規定は「無限責任」であるという重要な差異があり、商号続用規定では詐害の場面に限定されないという規定上の違いもあります。これまで22条については、商号続用の面よりも「詐害性」の有無に着目した立法論が展開されてきましたが、23条の２が新設された関係で、商号続用責任規制の趣旨を詐害性から切り離して、「商号続用」に特化した規定と解釈することになりそうです。

（２） 解釈論の限界

現行規定22条について、①判例の傾向を踏まえて、商号続用の要件を「屋号」から「ブランドの象徴」まで拡大解釈できるかが問われ、厳格な文言解釈をすることで明確性を確保するには、商号に軸足を置くこととなり、拡張しても屋号までということになるでしょうが、屋号を認めるのであれば、ブランドの象徴も認めるべきであるということもできます。これに関連して、②商号続用によって事業譲受人が第三者に対して譲渡人の債務を引き受ける理由は、外観保護なのか債務引受けの意思表明なのかも問われ、条１項が主観的要件を不

問とするため、意思表明と解する余地は残されています。③譲受人の無限責任についても、有限責任とされる23条の2と対比して22条1項には制約がなく、無限責任とされるためか、22条2項・3項には免責規定が置かれています。この無限責任の当否も問われますが、規定の解釈上は有限責任と解するには無理があります。

（3） 立法論の検討

　仮に無限責任である「商号続用」責任の法規制を維持するとすれば、①従来の諸規定をそのまま文字通り適用し、新設の「詐害事業譲渡」規制との棲み分けをするか、あるいは、②「商号続用と詐害性」の2要件を規定上明記し、それを満たす場合に、債権者の主観を不問とし会社法22条1項を適用して無限責任とし、「詐害性」だけが認定される場合は、有限責任である新設規定の守備範囲とすることで両者の棲み分けをするという立法の道もありえます。あるいは、譲受人に「無限責任」を負わせる必要がなければ、③商号続用責任に関する諸規定は、善意・無重過失の債務者弁済条項（同条4項）を除いて、廃止する方向の立法論もありうるでしょう。さらに、④1項についても4項と同様の主観的要件を付して「外観保護」で統一して説明する方向も検討の対象となりますが、その場合に、事業譲渡の事実について不知であれば足りるのか、債務引受けのないことまで知らないことを要するのか。詰めておくべきことが少なからずあります。さらには、事業譲渡の事実を知った債権者も、保護の対象とすべきであれば、規定上も主観的要件を問わない現行規定1項が維持されることになります。

　これまでの検討からいえることは、①あるいは②を採用するとしても、商号続用基準の合理的説明を要します。経済的価値のある商号を継続使用する利益を享受するからには責任も負担すべきであるとでもいうほかないでしょう。その場合、「屋号」などへの類推適用の限界が問われます。③を採用する場合は、譲受人の「無限責任」を一切放棄してよいかにつき実証的に詰めなければなりません。なお、債務者の善意・無重過失による弁済の効力規定（同条4項）は維持すべきですが、譲渡人・譲受人の免責規定（同条2項・3項）には問題があります。たとえば、事業譲受人を有限責任とすることで、免責規定を削除することも検討の余地があるでしょう。ところが、各種研究会で議論しても実務

家から現行規定22条の廃止を求める強い声は聞かれないようです。

　いろいろ議論はあっても22条の機能する場面が残されているようです。その具体例として、「A社がXと取引をしていたが、A社の資金繰りが悪化した。そこで、A社と同業のY社がAの事業を譲り受けたいが、旧来の商慣行でXとの取引には新規参入の制限があったことから、Xには事業譲渡の事実を伏せて、YがAの屋号を続用したため、Xは取引相手がYに変わったことを知らない場合もある。譲渡当事者に詐害性が認定できなければ、22条1項で解決する必要もある。」というような場面です。さらに実務家の意見として、商号続用の有無にかかわらず、Xとの関係でYがAの債務を引き受けるのを原則としたうえで、例外的にYが債務を引き受けないことにつき了解した債権者には請求権がないとする立法論もあります。これは近年のオーストリア企業法典38条に通じるものですが、仄聞したところでは、同法典38条についても当初から問題が指摘されていたようです。当面、1項と4項を基本的に維持する方向が、立法論としても無難かも知れません。

《参考文献》
山下眞弘『会社営業譲渡の法理』（信山社出版、1997年）
同『営業譲渡・譲受の理論と実際——営業譲渡と会社分割〔新版〕』（信山社出版、2001年）
同「現物出資と商法17条（会社法22条）の適用」ジュリスト江頭憲治郎・山下友信編『商法（総則・商行為）判例百選〔第5版〕』（有斐閣、2008年）
同「事業承継会社責任規制の立法論的検討——商号続用基準か詐害性基準か」阪大法学60巻5号（2011年）
同「商号続用責任規制（会社法22条）はどう解釈されるべきか（上）（下）」ビジネス法務2016年8月号・9月号

第6章　会社分割における債権者保護
―― 平成26年会社法改正前の議論

> 《本章の要旨》
> 　本章では、2014（平成26）年の会社法改正が実現する前の段階での議論を紹介します。改正された法律の内容を理解する上で、経緯を知る意義は少なくありません。改正の契機となった判例の紹介も併せて検討します。本章の検討内容は民法上の「詐害行為取消権」や「法人格否認の法理」に深く関わりますので、両者の関係にも目を向ける必要があります。経緯を知る意味で、2015（平成27）年3月に国会に提出された民法（債権関係）改正法案の前段階（中間試案）も紹介し、その当時の議論にも言及します。

1　本章の目的

　本章は、2014（平成26）年の会社法改正前の会社法改正要綱が検討されていた段階での議論です。改正会社法で「詐害的会社分割・事業譲渡規制」が実現した経緯を知ることは、改正法を理解する上で有益と考えます。その後、民法改正試案は改正法案として国会で審議中であり、会社法改正要綱も平成26年改正会社法として成立し、2015（平成27）年5月1日に施行されています。

　会社法の規律によれば、分割会社に債権を有する残存債権者は債権者保護手続の対象外とされており、分割無効の訴えの原告適格も有していません。その理由として、設立もしくは承継会社（以下、「承継会社等」ともいう）からの対価によって、会社分割から残存債権者が債権の満足を得ることができるからと説明されてきました。しかし、残存債権者に全く知らされないまま会社分割が実行されると、債務超過の状況にある分割会社が優良部門を承継会社等に移転させ、分割会社に残存する債権者の利益を害して、債権者平等原則に反する結果を招きかねないという問題があります。このような事態が生じるのは、会社法では「債務の履行の見込み」がなくてもその旨を開示すれば足りるとされ（会

社法施行規則205条7号等)、しかも分割の対象に「事業性」を要しないとする一連の緩和策（2条29号・30号参照）が少なからず影響しています。

　近年、このような濫用事案が増加してきたため、詐害行為取消権、法人格否認の法理、あるいは否認権の行使などによって解決する判決が目立ってきましたが、その反面、会社分割は事業再生に有益な制度であり、その利用促進にも配慮する必要があります。最近になって、会社分割に「詐害行為取消権」の行使を認めた初の最高裁平成24年10月12日判決（金判1402号16頁）が現れ、相前後して会社法改正要綱も公表されたところ、さらに詐害行為取消権について民法（債権法）改正中間試案も出されました。本章では、まず最高裁判決の総括をし、民法上の詐害行為取消権と法人格否認の法理による解決の比較をした上で、現時点では不透明な点も多々あるものの、会社法改正要綱と民法改正中間試案の適用関係を検討します。

2　最高裁平成24年10月12日判決の評価

（1）　本判決の要旨

①新設分割の法的性質について、「新設分割は、…財産権を目的とする法律行為としての性質を有するものであるということができるが、他方で、新たな会社の設立をその内容に含む会社の組織に関する行為でもある。…このような新設分割の性質からすれば、当然に新設分割が詐害行為取消権の対象になると解することもできず、新設分割について詐害行為取消権を行使してこれを取り消すことができるか否かについては、新設分割に関する会社法その他の法令における諸規定の内容を更に検討して判断することを要するというべきである。」
②「そこで検討すると、まず、会社法その他の法令において、新設分割が詐害行為取消権の対象となることを否定する明文の規定は存しない。また、会社法上、新設分割をする株式会社（以下「新設分割株式会社」という。）の債権者を保護するための規定が設けられているが（同法810条)、一定の場合を除き新設分割株式会社に対して債務の履行を請求できる債権者は上記規定による保護の対象とはされておらず、新設分割により新たに設立する株式会社（以下「新設分割設立株式会社」という。）にその債権に係る債務が承継されず上記規定による

保護の対象ともされていない債権者については、詐害行為取消権によってその保護を図る必要性がある場合が存するところである。」
③「ところで、会社法上、新設分割の無効を主張する方法として、法律関係の画一的確定等の観点から原告適格や出訴期間を限定した新設分割無効の訴えが規定されているが（同法828条1項10号）、詐害行為取消権の行使によって新設分割を取り消したとしても、その取消しの効力は、新設分割による株式会社の設立の効力には何ら影響を及ぼすものではないというべきである。したがって、上記のように債権者保護の必要性がある場合において、会社法上新設分割無効の訴えが規定されていることをもって、新設分割が詐害行為取消権の対象にならないと解することはできない。」
④結論として、「株式会社を設立する新設分割がされた場合において、新設分割設立株式会社にその債権に係る債務が承継されず、新設分割について異議を述べることもできない新設分割株式会社の債権者は、民法424条の規定により、詐害行為取消権を行使して新設分割を取り消すことができると解される。この場合においては、その債権の保全に必要な限度で新設分割設立株式会社への権利の承継の効力を否定することができるというべきである。」

（2）　本判決の意義

本判決は、株式会社Aに対する債権の管理および回収を委託された債権回収会社（サービサー）X（原告・被控訴人・被上告人）が、Aが自己所有の本件不動産を新設分割により株式会社Y（被告・控訴人・上告人）に承継させたことが詐害行為に当たるとして、Yに対し、詐害行為取消権に基づき、その取消しおよび本件不動産についてなされた会社分割を原因とする所有権移転登記の抹消登記手続を求めた事案に関するものです。

会社分割が詐害行為取消権の対象となりうるかという争点について、第一審は、①会社分割は、権利義務を承継させる財産権を目的とした行為であるから、詐害行為取消権の対象となる。②債権者保護手続の対象とされていない債権者については、会社分割に対する詐害行為取消権の行使が否定されるべき理由はない。③詐害行為取消権の効果は、分割無効の訴えと異なって対世効を有しないので、取消訴訟の当事者間において無効とするにとどまり、法的安定性を害することはない、と判示した。そして、控訴審判決は第一審の理由に加え

て、④分割の内容によっては、債権者は分割会社に対して債権を有していても、主要資産を失った分割会社には債務の履行の見込みがない場合もありうるので、このような債権者については、詐害行為取消権の行使を否定する理由はない。⑤詐害行為取消権の行使によって取り消されるのは、個別の財産移転に過ぎず、会社分割の効力自体に影響を与えるものではないとしました。

　第一審と控訴審は、ともに財産権の承継が取り消されるものとしていますが、会社分割は組織法上の行為という側面も有していることとの関係をどのように考慮するかについては、言及がありません。その点について、最高裁判決は、その冒頭で組織法上の行為という側面との関係で一定の説明をしており、学説上も分かれていた争点に道筋をつけました。ただ、取消の対象が会社分割自体か会社分割に伴う財産権の承継であるのかについては、判決文から必ずしも明確ではありませんが、会社設立の効力に影響がないとしており、かつ債権保全に必要な限度で新設会社への権利承継の効力を否定することが明らかにされていますので、取消対象に関する部分は、単なる説明の問題にすぎないということもできます。

（3）　本判決の評価

　本判決の意義は、①新設分割が詐害行為取消権の対象となり、②詐害行為取消権の行使は分割による会社設立に影響を及ばさず、③債権者異議手続の対象とならない残存債権者は詐害行為取消権の行使ができ、そして、④詐害行為取消によって承継の効力が否定されるのは、取消債権者の債権保全に必要な範囲に限られるということを明確に示した点にあるということができます。しかし、詐害行為取消権行使の要件と効果については、明確な基準が示されたわけではなく、資産の移転を取り消した後の処理についても、具体的な指針が示されていないため、実務上、今後に課題は残されています。

　本判決は、詐害行為取消権を行使して「新設分割を取り消す」ことができるとした上で、その債権の保全に必要な限度で「権利の承継の効力を否定する」ことができると判示していますが、ある部分だけを取り消すということが可能であるかが疑問とされ、会社分割を取り消すという判示部分は不要ではなかったかとの指摘も見られます。いずれにせよ、一審・控訴審が権利の承継のみを取り消すと端的に述べたのと本判決の結果は同じです。

ところで、会社法改正要綱第二部第五1で提案されている「詐害的な会社分割等における債権者保護」に係る制度が導入された場合に、本判決がそれに及ぼす影響が議論となります。特に議論となるのは、「新設分割について詐害行為取消権を行使してこれを取り消すことができるか否かについては、新設分割に関する会社法その他の法令における諸規定の内容を更に検討して判断することを要する」という判決文の意味するところですが、これは本判決の本質的な理解に関わる問題です。残存債権者は会社法上債権者保護の対象となっていないことを強調して、それを理由に民法の詐害行為取消権の行使を認めるのが本判決の立場であるとする見方があります。このように理解すれば、会社法改正要綱の規定が実現すれば、これに加えて詐害行為取消権が併存する前提がなくなります。判決文の上記該当箇所を素直に読めば、この理解も説得的といえます。これに対して、詐害行為取消権と会社法改正要綱との間には、要件・効果で共通点があるとはいえ完全に重なるわけでもなく、この要綱が民法の詐害行為取消権に取って代わるわけでもないとする見解も数多く見られるところです。この見解の根底には、残存債権者を厚く保護すべきであるとの実質判断があるようにも見えます。

（4） 近年の下級審の立場
① 詐害行為取消を認めた判決

東京高判平成22年10月27日（金判1355号42頁、金法1910号77頁）は、新設分割が詐害行為取消権の対象となるとした上で、対価としての株式価格が相当であっても、具体的にみて実質的な担保価値が減少することを問題とし本件新設分割の詐害性を認め、詐害行為取消権の行使を肯定しています。しかも会社分割が取消の対象となるとした上で、取消しの効果は相対的なものとしています。詐害行為取消権の行使を認めたその他の裁判例としては、①大阪地判平成21年8月26日（金法1916号113頁）、②大阪高判平成21年12月22日（金法1916号108頁）〔①の控訴審〕、③東京地判平成22年5月27日（金判1345号26頁、金法1902号144頁、判時2083号148頁）、④名古屋地判平成23年7月22日（金判1375号48頁、金法1936号118頁）、⑤名古屋高判平成24年2月7日（金法1945号111頁、判タ1369号231頁）〔④の控訴審〕など多数あります。したがって、会社分割に詐害行為取消権の行使が認められるか否かの議論については、判例上は克服されたというこ

② 法人格否認の法理を適用した判決

福岡地判平成23年2月17日（判タ1349号177頁、金判1364号31頁、金法1923号95頁）は、「法人格否認の法理は、詐害行為取消権とはその要件及び効果を異にするものであって、詐害行為取消権が行使できない場合でなければ、法人格否認の法理が適用できないこともない。」としました。この事案は詐害行為取消権の行使で解決する余地もありましたが、法人格否認の法理を適用したのは満額請求を認めるのが妥当と判断したものと推測できます。

これに対して、福岡高判平成23年10月27日（金判1384号49頁）は、法人格否認の法理の適用を否定した上で、詐害行為取消権の行使を認容し、しかも、会社分割自体の取消しを明確に認めています。このように判断が分かれるのは、法人格否認の法理の適用要件を充足しているか否かに加え、結論の妥当性の判断が微妙に影響しているようにもみえます。

3　民法上の詐害行為取消と法人格否認の法理

（1）　詐害行為取消権の法的性質

詐害行為取消権は、債務者の責任財産を保全するため、債務者による財産の不当な減少行為を取り消して逸失した財産の回復を債権者が裁判所に請求することができる権利と定義されています。これは詐害行為取消権の法的性質について、詐害行為取消権の本質がその行為の取消しと逸失財産の回復の双方を含むとの折衷説を採用した定義で、詐害行為取消訴訟を形成訴訟と給付訴訟が合体したものと捉えています。通説・判例も、詐害行為取消の効果を相対的無効とする前提に立って、形成権説と請求権説の中間的な「折衷説」に立っているのですが、いずれの立場にも難点はあるわけです。

「形成権説」は詐害行為の取消しにその本質を求め、その行為を取り消すことで行為の効力を絶対的に無効にする形成権と解します。この説に対しては、絶対的に無効という効果が取消権の目的から逸脱しているとの批判があります。後者の「請求権説」は、逸失財産の回復がその本質と捉えて、債務者の詐害行為によって逸失した財産の返還を請求する権利と解します。これに対して

も、条文上の取消しという文言から離れるなど批判があります。この法的性質の理解の仕方によって、会社法改正要綱の詐害的会社分割に関する規定との適用関係が左右されるとの指摘がみられます。ここでは、法人格否認の法理との関係を検討します。

（２） 詐害行為取消と法人格否認の法理の適用関係

　両者の関係については見解が分かれます。一方では、法人格否認の法理の要件は、支配と目的にあるが、詐害的目的が認められれば詐害行為取消権によって保護が実現できるから、このような場合に法人格否認の法理を持ち出す必要はないとします。その反面、法人格否認の法理は、会社とその背後の者とを同一視して衡平な解決を図ることを目的とするもので、債務者による責任財産の減少行為を否認することで財産回復を図ろうとする詐害行為取消権とは、制度の趣旨や目的が異なるということもできるとして、詐害行為取消のような巻き戻し的な処理が生じない法人格否認の法理による解決が望ましいとする見解もあります。法人格否認の法理が適用できれば、分割会社の債権者は承継会社等に対し債権の満額請求をすることも可能となり、しかも分割会社から移転した資産に限らず、分割後の事業を通じて得た資産からも弁済を受けられるということとなります。立法的解釈論として、詐害行為取消権の趣旨を勘案した法人格否認の法理の弾力的運用の検討を示唆する見解もあります。確かに、この法理を適用することで事案によっては妥当な解決を得ることも期待されます。

　判例によれば、法人格否認の法理は、詐害行為取消権とはその要件および効果を異にするものであり、詐害行為取消権が行使できる場合であっても、別途、法人格否認の法理の適用による解決は可能であるとされる傾向にあるのです。会社法制の見直しに関する要綱が示すように、承継会社等の責任を承継財産の価額を限度とするのが妥当であるのなら、法人格否認の法理の適用による解決は慎重に判断すべきこととなります。判例の傾向としては、法人格否認の法理適用のファクターを裁判官が判旨の理由中に羅列しているようにもみえますが、法人格否認の法理の適用によるほかないとする根拠を判旨の理由中で明示すべきです。しかも、法人格が同一視されると承継会社等の債権者が多大の不利益を受けることになります。法人格を否認して新旧会社を同一視するには、その影響するところを考慮に入れる必要があり、否認は真にやむをえない

場合に限定されるべきです。会社法改正要綱が実現した場合には、これが法人格否認の法理と競合するのかについて改めて議論となるでしょう。

4　会社法改正要綱と民法改正中間試案の関係

　2012（平成24）年8月1日に、「会社法制の見直しに関する要綱案」をとりまとめ、同年9月7日の同審議会総会において、要綱案が要綱として決定されました。そこで、要綱の第二部第五1「詐害的な会社分割等における債権者の保護」①②の規律を対象に検討することとします。

（1）　要綱による規制
　要項の第五　会社分割等における債権者の保護
1　詐害的な会社分割等における債権者の保護
①　吸収分割会社又は新設分割会社（以下「分割会社」という。）が、吸収分割承継会社又は新設分割設立会社（以下「承継会社等」という。）に承継されない債務の債権者（以下「残存債権者」という。）を害することを知って会社分割をした場合には、残存債権者は、承継会社等に対して、承継した財産の価額を限度として、当該債務の履行を請求することができるものとする。ただし、吸収分割の場合であって、吸収分割承継会社が吸収分割の効力が生じた時において残存債権者を害すべき事実を知らなかったときは、この限りでないものとする。
　（注）株式会社である分割会社が吸収分割の効力が生ずる日又は新設分割設立会社の成立の日に全部取得条項付種類株式の取得又は剰余金の配当（取得対価又は配当財産が承継会社等の株式又は持分のみであるものに限る。）をする場合（第758条第8号等）には、上記の規律を適用しないものとする。
②　①の債務を履行する責任は、分割会社が残存債権者を害することを知って会社分割をしたことを知った時から2年以内に請求又は請求の予告をしない残存債権者に対しては、その期間を経過したときに消滅するものとする。会社分割の効力が生じた日から20年を経過したときも、同様とするものとする。
　（注1）①の請求権は、分割会社について破産手続開始の決定、再生手続

開始の決定又は更生手続開始の決定がされたときは、行使することができないものとする。
(注2) 事業譲渡及び営業譲渡(商第16条以下参照)についても、上記と同様の規律を設けるものとする。

(2) 要綱の趣旨

　要綱では、その要件として、詐害行為取消権(民424条)と同様の主観的要件を定めています。ただ、詐害行為取消権は、他人間の取引の取消しであることから裁判上の請求に限定されます。これに対し、要綱では、効果は現物返還に限定されず、承継会社等に裁判外で直接請求できるとした上で、承継財産の価額という責任限度額を設けています。そして、吸収分割の場合には、承継会社等が悪意であることを責任の要件とし、さらに責任の除斥期間を定めます(民426条参照)。なお、事業譲渡(営業譲渡)にも以上と同様の規律を設けることとされたのは妥当と評価できますが、このような規定が設けられた場合、会社法22条など現行の商号続用責任に関する諸規定について、これを削除すべきか修正して残すべきかが議論となります。

　要綱①における「承継した財産の価額」は、承継した積極財産の総額であり、そこから債務の価額は差し引かないとされます。その理由は、「財産」という用語を使用していることのほか、承継した債務の価額を控除すると、詐害的な会社分割による会社財産の流出により、残存債権者が債権回収の可能性を損なわれないようにする本制度の目的が達成できないからであると説明されます。しかし、承継会社の側からすれば、会社分割により承継した債務の分だけ財務状況悪化の可能性があるとの指摘もみられます。吸収分割における承継会社の既存債権者が害されないかという点については、「残存債権者を害すべき事実を知らなかったときは、この限りでない」とされていることから、この場合の債権者は、承継会社の取締役等に責任を追及することができるとの指摘もみられます。なお、「請求」の方法については、他人間の法律行為を取り消す詐害行為取消権と異なって、本制度では、残存債権者からの承継会社等に対する請求であるため、裁判上の請求に限定しないものと理解されています。裁判外でも請求できるということになれば、詐害的会社分割を多少なりとも防止できるという効果が期待されます。

要綱②の（注１）は、倒産手続が開始された後は、要綱①の残存債権者の権利の行使は認められず、管財人等による否認権の行使に委ねることにして、分割会社の債権者間の平等を図るものとしました。なお、要綱②の（注２）は、詐害的な事業譲渡や個人商人間の営業譲渡についても、会社分割と同様に残存債権者保護の必要が生じるため、それらにも要綱①②と同じ規律が設けられました。このように、事業譲渡にも同様の規律が創設されることを前提に、商号続用者の責任を定める会社法22条等の規定自体を詐害行為取消権的に構成し直す提案もみられます。

（３） 民法改正中間試案による詐害行為取消規定
① 詐害行為取消権に係る中間試案の規律

「民法（債権関係）の改正に関する中間試案」（2013（平成25）年２月26日決定）

第15　詐害行為取消権
 1　受益者に対する詐害行為取消権の要件
(1)　債権者は、債務者が債権者を害することを知ってした<u>行為</u>の取消しを裁判所に請求することができるものとする。
(2)　債権者は、上記(1)の請求において、上記(1)の<u>行為の取消し</u>とともに、受益者に対し、当該行為によって逸出した<u>財産の返還</u>を請求することができるものとする。
(3)　上記(1)の請求においては、<u>債務者及び受益者を被告</u>とするものとする。
―以下省略―
 7　詐害行為取消しの範囲
　債権者は、詐害行為取消権を行使する場合（前記４の場合を除く。）において、その詐害行為の<u>全部の取消し</u>を請求することができるものとする。この場合において、その詐害行為によって逸出した財産又は消滅した権利の価額が被保全債権の額を超えるときは、債権者は、その詐害行為以外の債務者の行為の取消しを請求することができないものとする。
（注）　詐害行為取消権の行使範囲を被保全債権の額の範囲に限定するという考え方がある。
 8　逸出財産の返還の方法等
(1)　債権者は、前記１(2)又は５(2)により逸出した財産の<u>現物の返還</u>を請求する

場合には、受益者又は転得者に対し、次のアからエまでに掲げる区分に応じ、それぞれ当該アからエまでに定める方法によって行うことを求めるものとする。

―アおよびイは省略―

ウ　詐害行為によって逸出した財産が<u>金銭その他の動産</u>である場合
　　金銭その他の動産を債務者に対して引き渡す方法。この場合において、<u>債権者は、金銭その他の動産を自己に対して引き渡すことを求めることもできるものとする。</u>

エ　―省略―

(2)　上記(1)の<u>現物の返還が困難</u>であるときは、債権者は、受益者又は転得者に対し、<u>価額の返還を請求</u>することができるものとする。この場合において、債権者は、その償還金を<u>自己に対して支払うことを求めることもできる</u>ものとする。

(3)　―省略―

(4)　上記(1)ウ又は(2)により受益者又は転得者が債権者に対して金銭その他の動産を引き渡した時は、債権者は、その金銭その他の動産を<u>債務者に対して返還</u>しなければならないものとする。この場合において、債権者は、その返還に係る債務を受働債権とする<u>相殺をすることができない</u>ものとする。

（注１）　上記(1)ウ及び(2)については、取消債権者による直接の引渡請求を認めない旨の規定を設けるという考え方がある。

（注２）　上記(4)については、規定を設けない（相殺を禁止しない）という考え方がある。

②　民法改正中間試案の提案内容

　取消しの範囲について、中間試案においては、取消債権者の債権額に関わらず全部の取消しを認めている点が注目されます。しかも、これまで実務が認めてきた相殺による取消債権者の債権回収機能が否定されることとなります。その結果として、取消債権者の債権額の範囲で詐害行為を取り消す（一部取消）という構成は、民法中間試案では認められないこととなるでしょう。これに関連し、会社法改正要綱について次のように理解する立場があります。すなわち、要綱が提案する承継会社等の債務と責任について、限定されるのは債務で

はなく責任であって、残存債権者は承継会社等に対して、「債務全額の履行」を請求できるとした上で、承継会社等が承継した具体的な財産だけでなく、承継会社等の資産全体が残存債権者による強制執行の対象となると構成するが、ただ承継会社等は、「承継した財産の価額」の限度で責任を負うため、超過部分については強制執行から免れると説明されます。これは、具体的な財産ではなく、一定額で債務者の責任が限定されるという有限責任的な構成による説明です。会社法改正要綱と民法改正中間試案の特性が浮き彫りとなります。

（4） 民法改正中間試案と会社法改正要綱の適用関係

「会社法制の見直しに関する中間試案」の補足説明の中に、「民法上の詐害行為取消権に加えて、会社法に規定を設け、…」と説明があることから、民法の詐害行為取消権を排除するものではないことが明確にされており、これと同様の見解が多く見られます。これに対して、少数ながらも改正会社法規定のみ適用すべきとする見解も説得的であり、これによれば民法の詐害行為取消権の規定の適用は排除されることとなります。

① 詐害行為取消の民法規定も適用されるとの見解

両者は競合すると理解すれば、詐害行為取消権に関する民法の規定と改正会社法の特別の規定との適用関係が問題となり、両者の守備範囲を明確にする必要が生じます。本章で検討した最高裁判決がどのように影響するのでしょうか。民法の詐害行為取消権に加えて会社法に残存債権者を救済する規定を設けるのが要綱の趣旨であり、この制度を導入することで承継会社等に支払を直接請求できるようにするのが直截簡明であると立法担当者は考えています。最高裁判決が、残存債権者の保護規定が会社法にないことを理由に詐害行為取消権を認めたと解すれば、要綱の規定が実現すれば詐害行為取消権を行使させる前提が失われる。その点を強調するのが、次にみる（2）の見解です。

そこで、残存債権者以外の債権者の保護と要綱の救済制度下での残存債権者の保護のレベルを詳細に比べたうえで、詐害行為取消権と要綱の異同をもとに、競合を結論づける説得的な見解がみられます。すなわち、要綱の救済制度下での残存債権者の立場が分割会社の他の債権者に比べて不十分であるのなら、最高裁判決の立場からしても、要綱の制度が導入されても詐害行為取消権が行使できるとされ、要綱の制度がその要件・効果の大部分が詐害行為取消権

と同様であるため、詐害行為取消権を認めない方向性も払拭できないとしても、両者には違いもあることから、要綱の制度は詐害行為取消権と完全に代替できる救済ではないと結論づけた上で、民法改正中間試案が実現すれば会社法改正要綱との違いがさらに大きくなると指摘されます。

さらに、民法の詐害行為取消権に加えて、残存債権者保護のための特別の規定を設ける必要性に関わって、要綱の趣旨を以下のように説明する見解もあります。すなわち、会社分割等は債務者の優良事業を承継会社等に移転することで債務者の事業を存続させる目的で利用されるため、これらの行為は個別資産の処分等にみられる詐害行為に比べて濫用の危険が大きく、会社分割等は多数の資産の移転を伴うため、個別資産の取戻しを原則とする詐害行為取消権では十分な対応ができない。そこで、詐害的な会社分割等については、民法の救済制度に加えて要綱の提案がなされたと理解できるとし、さらに、詐害行為が問題となるような企業は事業の効率性が低下しているが、そのような事業の継続は社会にとって有用であるか否かについて、そのような企業は清算に向かうべきとされるわけです。しかし、そこで働く従業員の保護も視野に入れて事業継続を追求すべきと考える立場もありうるでしょう。前者の立場からすれば、残存債権者の保護を優先することになり、要綱の提案は現行法よりも残存債権者の保護を強化するものと位置づけられます。確かに、民法424条の法律効果は現物返還を原則とし例外的に価額賠償を認めているに過ぎないため、残存債権者が価額賠償を望んでも認められるかは不確実であるから、これを救済する要綱の意義は理解することができます。しかし、これには強い反論があるのです。

② 会社法改正要綱の規律のみ適用すべきとの見解

これによれば、民法の詐害行為取消権の規定の適用は排除されることとなり、いわば一般法と特別法の関係に類似のものと理解されます。この見解は、実質論のみならず理論的な側面からも、要綱に加えて詐害行為取消権の行使を認めるのは本質的に疑問であると主張します。それは、以下のような解釈論です。

確かに、詐害行為取消権の効果を詐害行為の取消と逸出財産の返還と理解すれば、会社法改正要綱の規律は履行請求を認めるものですから、両者は異なる

制度ともいえます。しかし、このような理解は、詐害行為取消権の法的性質をその行為の取消しと逸失財産の回復の双方を含むとの「折衷説」に依拠してのみ成り立つものであり、折衷説だけが唯一というわけではないでしょう。逸出財産の物権的返還を前提とせず受益者等のもとでの執行を認容する責任説的理解も有力です。残存債権者による履行請求を認める要綱の規律は責任説的理解にも似た発想であり、要綱の規律は詐害行為取消権の規律の1つと解することができ、このような理解に立てば、要綱の規律は詐害行為取消権の特則と位置づけうると説明されます。さらに、最高裁判決が、会社法その他の法令に残存債権者を保護する規定がないため、民法上の詐害行為取消権で保護を図る必要がある旨判示したこととの関係でも、会社法改正要綱で保護が実現することになれば、当該民法規定の適用は重複するため排除されるとの解釈論が示されます。

この説明は興味深いのですが、その結論が妥当であるとしても、詐害行為取消権をめぐる学説の対立を背景とした解釈論は説得的でしょうか。これは、詐害行為取消権の法的性質について折衷説を唯一とせず責任説の立場からする立論であり、いずれの解釈も理論的には可能ということができます。したがって、特別の改正会社法規定のみ適用すべきとの唯一の解釈論を導くものではなく、ひとまず詐害行為取消権に関する学説とは切り離して、端的に会社分割等をめぐる利害調整に特化した実質論によるべきではないでしょうか。最高裁も詐害行為取消権の行使要件に深入りすることなく、残存債権者保護の必要性の程度に基づいて結果の妥当性を追求しています。

5　今後の課題

会社法改正要綱と民法改正中間試案の適用関係については、解釈論のレベルでは、いずれの立場も説得的です。最高裁判決の真意についても、会社法で十分対処できる規定が設けられれば、民法を適用するまでもないという趣旨のように見えますが、判決文の冒頭で、「新設分割が詐害行為取消権の対象となることを否定する明文の規定は存しない」とも述べており、いずれに重点があるのか明確ではないのです。会社法改正要綱の内容をみると民法中間試案が提案

する詐害行為取消権と完全に重なっているわけでもありません。両者の併存を認めれば、残存債権者の保護を強化できますが、その適用関係を整理することが前提となります。それを議論する前に、残存債権者の保護をどのレベルに設定すべきかが問われますが、残存債権者以外の幅広い利害関係者の保護との調和の中で、適切な解決を模索する必要があります。残存債権者の保護を厚くするには、請求権を行使する手段が複数あるのが便宜ですが、早期解決の要請からいえば、紛争を複雑かつ長期化させるという弊害の生じる恐れも見逃せません。

　会社分割等をめぐる利害対立は複雑であり、ひとり残存債権者のみ強調するのではなく承継会社等の債権者の利害も含めて、バランスのよい解決方向を目指すべきでしょう。結論を得るには、民法改正案の行く末も注視していく必要がありますが、さしあたり会社法改正要綱の規律を原則的に優先させた上で、事例によっては詐害行為取消も排除しない解決が無難といえそうです。ただし、そのような解決が妥当する範囲が課題となります。

　この議論は、すでに施行された2014（平成26）年改正会社法および平成28年現在国会で審議中の民法（債権関係）改正法案424条以下との関係についても引き継がれることとなり、このような議論が解消したわけではないのです。

《参考文献》
阿南剛・二井矢聡子『会社法改正中間試案Q&A――平成23年12月公表』（中央経済社、2012年）
江頭憲治郎ほか編『会社法コンメンタール1』（商事法務、2008年）
商事法務編『民法（債権関係）改正法案新旧対照条文』（商事法務、2015年）
商事法務編『民法（債権関係）の改正に関する中間試案（概要付き）』別冊NBL143号（商事法務、2013年）
西村高等法務研究所責任編集・落合誠一ほか編『会社法改正要綱の論点と実務対応』（商事法務、2013年）
山下眞弘『営業譲渡・譲受の理論と実際――営業譲渡と会社分割〔新版〕』（信山社出版、2001年）
同「事業承継会社責任規制の立法論的検討――商号続用基準か詐害性基準か」阪大法学60巻5号（2011年）
同「会社法改正要綱と詐害的会社分割――最判平成24・10・12を素材として」阪大法学62巻5号（2013年）
同「会社分割等における債権者の保護」『グローバル化の中の会社法改正――藤田勝利先生古稀記念論文集』（法律文化社、2014年）

第7章　株式・現金・預貯金・国債・投信受益権の相続

《本章の要旨》
　本章では、事業承継とのかかわりで、株式を相続した場合に、株式は相続人の準共有となるのか、それとも当然分割されて単独所有となるのかという問題を中心に解説します。これは相続した株式の議決権行使の方法を定める会社法106条の適用があるかどうかに関係する実務上の重要問題です。相続財産は株式だけではありません。遺留分算定との関係で、現金・預貯金・国債・投信受益権の相続の行方も事業承継の実務上、大きな問題となります。私法学会（2014年）での議論をもとに、本章では相続法との関係を詳しく解説します。

1　会社法と相続法の対話

（1）　会社法106条の法意

　共有株式の権利行使に関して、会社法106条は、株式が共有に属するとき共有者は、その権利行使者を定め、会社に対しその者の氏名または名称を通知しなければ、その株式について権利行使することができない旨定め、その例外として、会社が権利行使に同意した場合はこの限りでないとしています。本条は、2005（平成17）年改正前の旧商法203条2項の規定を基本的に引き継いでいますが、会社法では、権利行使者を定めるだけでなく、権利行使者の通知をも要することが明確にされ、但書として「会社の同意」による例外規定も追加されました。とりわけ106条但書の意味するところが不明なまま解釈が分かれ、本条の法意の理解を困難なものとしています。
　この点に関する東京高判平成24年11月28日（判タ1389号256頁）は、106条但書の適用要件について、準共有者で「協議」が行われ「意思統一」が図られている場合にのみ会社の同意による権利行使を認めると判示しますが、「全員一致」による意思統一が要求されるのか、それとも協議さえ行われれば「過半

数」でも足りるのかが示されていないのです。この事案では何ら協議が行われていなかったため、厳密な基準を示す必要がなかったわけですが、実務上はここが最も知りたい部分なのです。通説・判例によれば、106条本文にいう権利行使者の選定が共有持分の「過半数」で足りるとされており、全員一致による必要がないとされたので、意思統一の存在を認定する判断基準が重要となります。これまでの判例が、株式は遺産分割までは相続人に分割帰属せず、共同相続人間で準共有（民264条）の関係が生じるとし（最判昭和45・1・22民集24巻1号1頁）、多くの学説もこれを支持しているため、権利行使者の選定などをめぐる議論が不可避となるのです。相続財産は当然分割帰属と解すれば、このような問題を避けることができますが、とりわけ株式については、当然分割帰属の見解は採用できないのです。したがって、結論的には相続財産について「準共有」の立場にたち、その帰趨を「遺産分割協議」に委ねることとし、広範な権限を有する権利行使者の指定にも原則全員一致を要求するのが、終局的かつ公平な解決を目指す相続法理の目的に照らして妥当ということになります。この場合に問題となるのは、ごく一部の反対で権利行使者の指定ができなくなる点です。共有持分の過半数をもって権利行使者の指定ができとすることで、出入り口を広げておくべきかどうか判断の難しいところです。

（2） 本章の検討課題

ところで、会社法106条の議論に入る前に、そもそも株式を相続した場合に、株式は相続人の準共有となるのか、それとも当然分割されて単独所有となるのかという問題があります。単独所有と解することができれば、106条の議論は生じる余地がなくなりますが、判例および学説の圧倒的多数は、相続株式を準共有状態と解してきました。結論的には、私も相続された株式は準共有状態と解すべきものと考えてきましたが、準共有と解すべき理由については、これまでの学説や判例の説明では不十分であり、本章では株式以外の相続財産にも検討対象を広げ、さらに実質的な説明を補足します。

判例は、現金を「準共有」としながら預貯金のような金銭債権は「当然分割」（原則）としてきましたが、両者を分けることに合理性はあるのでしょうか。預金に関する銀行実務では、相続紛争に巻き込まれるのを避けるうえで相続人を確定する必要があるため、預金が金銭債権であるにもかかわらず「当然

分割」の扱いをせず相続人全員の押印を求める等、当然分割を原則とする判例と異なる取り扱いをせざるをえないのが実情です。経済活動における予測可能性という観点からも、この銀行実務は是認されるべきです。現に判例も現実の要請に対処するため、同じく金銭債権である定額郵便貯金について当然分割の例外的取扱いをしましたが、定額郵便貯金に限定せず最近の最高裁判決によれば、国債、投資信託受益権など金銭債権に近いものについても、当然分割を原則としながらもその例外扱いとする判断をしています。これをどう評価すべきかが問題で、そもそも当然分割帰属の妥当する対象は存在するのかが問われます。本章の中心課題はここにあります。

　以下、相続株式を準共有と解する理論上・実際上の理由を中心に、合有論との関係も踏まえて、現金・預貯金・国債、投資信託受益権との比較をもとに、この問題を検討します。そして、結論的には当然分割帰属を排除し、共有の立場から遺産分割協議によって解決すべきことを指摘します。なお、本章で検討の対象とする会社は、株式が公開されておらず単独もしくは少人数の株主からなる株式会社であって、所有と経営が分離していない、いわゆる同族的な小規模会社を念頭においています。このような会社にあっては、相続問題が会社法の領域に波及する傾向があり、それに対応するため相続法と会社法の交錯する困難な問題が生じるからです。

（3）　相続法との対話

　遺産相続の法的効果について、相続法の分野では、主として現金や金銭債権等の相続について議論されており、判例とともに一定の方向が示されてきました。しかし、近年、それらに関しても学界では再検討の必要性が指摘されています。2014（平成26）年の第78回日本私法学会シンポジウム「現代相続法の課題」においても、金銭債権・金銭債務について注目すべき新たな提案がなされました。私も会社法の立場から、株式相続に関する質問をしましたが明確な回答を得るには至っておりません。本来、この課題は相続法の領域に属しており、会社法の中で自己完結的に解決するのは無理であるということを確認し、基本的には相続法理によって、あるいは相続法とその関連法分野とともに、立法的解決の道を探る必要があるということを指摘しておきます。

2 遺産共有の性質論──共有・合有論の意義

(1) 株式共有の特殊性

　会社法106条は、株式が複数の者による「共有」に属するときに適用されるとしており、民法898条は、「相続人が数人あるときは、相続財産は、その共有に属する」と定めていますので、株式につき共同相続が生じた場合には、会社法106条が適用されることになります。ただし、相続によって株式が当然分割されるとの見解もあります。検討すべきことは、それだけではありません。相続財産としての株式が共有状態になるとしても、相続場面の特性も無視できないのです。一般の共有とは異なって、相続による共有は当事者の合意によるものでもなく、その関係は遺産分割までの暫定的なものにすぎず、共有物分割請求権も法律上制限されています（民907条）。これらの点を踏まえて、遺産共有の性質を一般の共有と区別して「合有」とする見解が民法学では有力とされていました。いわば、民法上の組合財産と同じように扱うわけです。なお、共同相続財産と組合財産とは大きく異なり、両者を同一視することはできないとする批判もありますが、同じように扱うという結論だけは妥当といえます。

(2) 共有説・合有説に共通の問題

　共有・合有いずれの立場に立っても、共有物の「変更・管理・保存」に関する民法251条および252条の適用問題は避けられないのです。相続人の行為がこれらのいずれに該当するかによって、相続人全員の共同を要するか、持分の過半数の賛同によるか、各人単独でできるかが決まり、このことは共有説でも合有説であっても同じでことです。しかも、規定上も判例によっても、相続人のどのような行為が上記3つのいずれに該当するかが必ずしも明確ではないという問題があります。たとえば、株式について、会社法106条で要求される権利行使者の選定方法についても、判例は過半数とするだけで理由は明らかでないのです。全員一致を求めることに躊躇しているだけのようにもみえます（最判平成9・1・28判時1599号139頁）。ここで民法の共有物に関する規定を持ち出しても、上記3つの基準が不明なため、結局のところ問題の解決とはなりません。むしろ、結論が先にあり、そこから上記3つのいずれかを導くというのが

実態ではないかと推測されます。この点では、共有か合有かの議論は、実質的に意味がないといえます。さらに、遺産共有の一般論としてはともかく、株式の共有については、たとえ合有説に立っても会社法106条が適用されることに変わりはないわけです。

（3） 合有説の実質的意義

近年の民法学では、共有か合有かの二者選択の議論から離れて、具体的に妥当な解決を図る考え方が有力になりつつあるかにみえますが、相続財産を一体として観念しその財産を債権者の引当てとして確保する合有説の問題意識は正しい方向にあるといえます。にもかかわらず、これが定着しなかったのは、合有概念の不安さにあるとの指摘があります。そこで、この論者は、合有説を採用しないとしても、その問題意識の実質を生かす解釈論を具体的場面に即して試みることを主張されます。これも、近年の民法学の流れに沿う考え方であり合理的といえます。

3　現金・預貯金・国債・投信受益権の相続

（1）　現金

判例では、金銭（以下、金銭債権と混同しないよう「現金」の用語を用います）は「遺産分割の対象」とされます（最判平成4・4・10判時1421号77頁、判タ786号139頁）。相続人は、「遺産の分割までの間」は、相続開始時に存した現金を相続財産として保管している他の相続人に対して、自己の相続分に相当する現金の支払を求めることはできないとされています。これによれば、遺産中の現金は遺産分割の対象と解されることになります。現金は、「金銭債権」と異なって債務者である第三者は登場しないので、共同相続人間の利害調整の問題として考えればよく、不動産などを対象とした遺産分割の結果生じた不均衡の調整弁としてこれを活用することができます。そのためにも、現金を当然分割とするのは実際上問題とされるのです。

また、即時取得の事案に関する判例として、現金は通常、物としての個性を有せず、単なる価値そのものと考えるべきだから、現金の所有権者は、「特段の事情」のない限り、その占有者と一致すべきであり、また現金を現実に支配

して占有する者は、価値の帰属者（所有者）とみるべきであるとした判決があります（最判昭和39・1・24判時365号26頁）。これによれば、共同相続人のうちの1人が現金を占有すると、その者が現金の所有者となりそうで、相続で現金の共有は観念できないのではないかとの疑問が生じます。この点については、共同相続人の1人が、相続開始時に存在した現金を相続財産として保管しているような場合は、判例にいう「特段の事情」が認められ例外と解されます。これは、相続財産である現金を金銭債権に近いものと把握するか、不動産などに近いものと考えるかという問題ですが、いずれにせよ、現金は個性もないため、最終的な利害調整の手段として活用するのに便宜であり、そのためには遺産分割の対象と理解するのが合理的です。

以上、これまでの判例の立場を確認すれば、①相続財産の共有（民898条）は民法249条以下の「共有」と同じ性質のものであり（最判昭和30・5・31民集9巻6号793頁）、それを前提とすれば、②金銭債権のような可分債権は当然分割され、共同相続人は各人がその相続分に応じて権利を承継することとなりますが（民427条）、③現金は可分で最も分割が容易であるにもかかわらず、判例は特に理由を示さないまま、当然分割されることなく「遺産分割の対象」としています。このことは、矛盾ではないのでしょうか。さらに、現金が相続開始後に遺産管理人の名義で銀行に預金されたような場合、この預金は「金銭債権」の扱いを受けるのか、それとも遺産である「現金」が管理されているだけであるとして現金の扱いがされるのかという議論も生じます。これについては、管理のためという特殊性を強調して、当然分割とはしないとする説明が説得的でしょう。

（2） 預貯金（金銭債権）

① 判例の立場

判例によれば、複数の相続人がいる場合、相続財産に「金銭その他の可分債権」があるときは、その債権は法律上「当然分割」され、各共同相続人はその相続分に応じて権利を承継するものとされています（最判昭和29・4・8民集8巻4号819頁）。したがって、可分債権である金銭債権は「遺産分割の対象」とはならないと解されていますが、それはなぜでしょうか。なお、判例は「金銭その他の可分債権」と表現していますが、判例が現金を遺産分割の対象として

いることからすれば、この表現は「金銭（債権）その他の可分債権」の意味と解すべきです。

　判例は、民法898条の規定する遺産の共有は、民法249条以下に規定する「共有」とその性質を異にするものではないとしています（前掲最判昭和30・5・31）。合有とは解されていないため、遺産としての金銭債権は、当事者の意思表示で不可分とされるような場合（民428条）でない限り分割される結果、民法427条によって各当事者は等しい割合で権利を有することになります。それゆえ、金銭債権は遺産分割の対象とはならないと説明されるのです。

　これに対しては、共同相続人間の利益調整の観点から批判することもできます。金銭債権を遺産分割の対象から外せば、その財産は共同相続人間の利益調整に活用できなくなります。不動産などの分割後に相続人間で不均衡が生じたような場合に、金銭債権はその調整弁の役割を果たす上で便利であるとの理由で、遺産分割の対象に含めるべきとの主張です。その理論的説明として、遺産共有の性質を「合有」と解し、遺産分割まで共同相続人全員でのみ権利行使すべきとするのです。しかし、たとえば第三者との関係も考慮に入れると、共同相続人のうち1人が債務者を訴えたような場合に、合有債権であるという理由で却下されると第三者たる債務者が不当に利益を得る結果となり、合有と解することにも問題がありそうです。しかし、合有と解するほうが妥当な場合が他にあるかもしれません。議論の多いところで、最近の判例も当然分割の立場ですが（最判平成16・4・20判時1859号61頁）、これに対して、次のような強い批判がみられます。

②　当然分割説への批判

　判例の当然分割の立場については、多くの問題が指摘されてきました。民法規定の解釈に関して、264条但書の「特別の定め」というのは、427条を指すのではなく、相続財産の共有を規定する898条および遺産分割に関する906条などであり、相続法の領域に属する規定を指しているとの指摘があります。これは、相続財産について相続法の規律を重視するかどうかに係わっています。「遺産分割」によって公平・公正を適切に実現しようとする相続法の理念からすれば、共同相続人にとってはメリットがある場合があるとしても、第三者の不利益は無視できず、金銭債権を当然分割とする立場には問題があるといえま

す。それだけではないのです。「特別受益」のある相続人がいる場合には、遺産分割の対象外とすることで共同相続人の間においても不公平な結果となります。

そこで、私法学会シンポジウムの報告（中田裕康・二宮周平・水野紀子「現代相続法の課題」私法77号53頁（2015年））でも、金銭債権も遺産分割の対象とする制度設計が提案されました。その解釈論として、先に示した民法264条但書の「特別の定め」を相続法のルール（民898条・906条など）と解する提案です。あるいは、金銭債権は分割承継されるとしたうえで、遺産分割の対象とする見解もありますが、金銭債権を分割承継と解することに合理性がなければ、そもそも分割承継に拘泥する必要がないわけです。分割承継の立場に1つメリットを見出すとすれば、相続開始後の葬儀費用など急を要する支出に対応できるということかもしれないのですが、これは銀行実務のいわゆる「便宜扱い」として別途考慮すれば足ります。結局、相続法のルールに乗せるという解釈論による解決が現実的で妥当でもあるということになります。これは、いわば民法427条からの解放を意味します。

ところで、「社債」はどうなるでしょうか。金銭債権とされるものとしては、預金債権が最も身近ですが、会社法で規制される社債も金銭債権に属すると定義され（2条23号）、上記の提案からすれば、これも判例の立場と異なり遺産分割の対象とすべきことになるでしょう。また、社債に関する会社法685条に共有の規定があることも考慮されるべきでしょう。いずれにしましても、社債は単なる金銭債権と比較して多種多様であり、社債の種類によっては株式に近い側面もあることから、実務上も株式と統一的に取り扱うのが妥当といえます。

③ 定額郵便貯金

これに関する最高裁初の判決として、最判平成22年10月8日（民集64巻7号1719頁）は、定額郵便貯金債権について、その預金者が死亡しても相続開始と同時に当然に相続分に応じて分割されることはないとして、その最終的な帰属は「遺産分割の手続」で決するべきである旨判示しました。本判決は、可分債権の共同相続に係る従来の判例の規律を踏まえたうえで、そのような規律が定額郵便貯金債権には妥当しないことを明らかにしています。ただし、本判決

は、郵便貯金法がこの種貯金の分割を許容しないことを根拠としていることから、この制限が当事者の合意による場合についてまで及ぶかどうかは不明ですが、本判決の射程は限定的なものとも推測できます。

しかし、その射程が限定的であるとしても、可分債権の当然分割帰属という原則に対する例外を認めることに違いはなく、このような例外措置が多数蓄積されるのであれば、原則分割とする判例の立場そのものの見直しが迫られることになりますが、本判決の結論自体は異論のないところです。

（3） 国債・投資信託受益権
① 最判平成26年2月25日（民集68巻2号73頁）の立場

本判決（以下「2月判決」という）の事実関係は、以下の通りです。A・B夫婦の間にYとXら計4人の子がいるが、A・Bが相次いで死亡し、夫婦の遺産が子に均分相続された。家庭裁判所は、遺産のうち預貯金を除く部分につき、同じ持分で共有取得とする遺産分割審判をして、その後審判は確定した。XらはYとの分割協議が調わないことを理由に、遺産の一部である株式、投資信託受益権、外国投資信託受益権、それに国債（以下、「本件国債等」という）について、裁判所に共有物分割請求をした。これに対しYは、Xらの協議の一方的な打ち切りは共有物分割請求の濫用と主張し争ったという事案です。

第一審（熊本地判平成22・10・26金判1438号17頁）は、Xらの請求を認容しましたが、本件原審（福岡高判平成23・8・26金判1438号15頁）は、次の理由でXらの共有物分割請求を却下しました。すなわち、「本件国債等に基づく解釈請求権等の受益権は、いずれもその性質上、可分債権に該当し、共同相続人であるY及びXらは、相続開始により、これらを各4分の1の割合に応じて分割承継し、もはや同相続人間で準共有を生じることはない」それゆえ「本件国債等につき、改めて、これを共有物分割の対象とする必要性は認められないから、本件訴えは、その利益を欠いており、不適法である」としたため、Xらが上告しました。

本件最判2月判決によれば、本件における国債と投資信託受益権はいずれも「準共有」とされ、結論として、Xらの訴えは適法とされました。準共有の理由は以下のとおりです。すなわち、「個人向け国債の発行等に関する省令」2条に規定する国債は、額面金額の最低額が1万円とされ、「社債、株式等の振

替に関する法律」の規定による振替口座簿の記載または記録は、上記最低額の整数倍の金額とされていること等から、このような国債は、法令上、一定額をもって権利の単位が定められ1単位未満での権利行使が予定されていないものであり、その内容と性質に照らせば、共同相続された個人向け国債は、相続開始と同時に当然に相続分に応じて分割されることはないと判示しました。また、委託者指図型投資信託（投資信託及び投資法人に関する法律2条1項）に係る信託契約に基づく受益権（投資信託受益権）は、口数を単位とし、その内容として、法令上、金銭支払請求権のほか委託者に対する監督的機能を有する権利が規定されており、可分給付を目的とする権利でないものが含まれているので、このような権利の内容および性質に照らせば、投資信託受益権も当然に分割されることはないと判示されました。なお、本判決は、株式についても同様に準共有とし、いずれも最終的な帰属は遺産分割によるものとしています。

② 最高裁2月判決の検討

（ⅰ）国債

国債は、金融機関を通じて販売され、あらかじめ定められた償還期限がくれば、利子をつけて償還されます。個人向け国債は、中途換金も可能とされており、その実態は金銭債権にも近いということもできます。そうであれば、金銭債権と同じ当然分割の取扱いを受けてもよさそうですが、判例は、当然に相続分に応じて分割されることはないとしました。その根拠は、法令によって1単位未満での権利行使が予定されていない点にあるということのようですが、法令の存在が不可分の根拠なのか、いまひとつ説得的な説明に聞こえてこないのです。判例が当然分割帰属に拘泥しながら妥当性を目指し、当然分割の例外を認めること自体に無理があるのではないでしょうか。

（ⅱ）投資信託受益権（投信受益権）

投資信託とは、信託という仕組みを応用した金融商品で、信託は、委託者が受託者に信託財産を預け入れ、受託者は、その信託財産の管理・処分を通じて得た利益を受益者に還元するという仕組みです。投資信託では、①投資委託会社が「委託者」となり、信託銀行を「受託者」として信託を作り、②その受益権を単位化して投資家に販売し、③投資家が支払った受益権の購入代金が、信託財産として信託銀行に集められ運用され、④その結果生じた利益が「受益

者」である投資家に分配されるという仕組みとなっています。投資信託は、委託者と受託者が財産の管理運用を行ってくれますが、その運用にリスクが伴うため、信託法や投資信託法は、受益者に一定の監督的権能を与え、信託の受益権は金銭の支払いを求める権利およびそれを確保するための監督的権能の双方を含んでいるのです（信託2条7項参照）。

　本判決では、共同相続された投資信託受益権は、「当然分割」されることはないとし、その理由として、投資信託受益権は口数を単位とし、これには可分給付を目的とする権利でないものが含まれていることを挙げていますが、本件投資信託の一口は1円であり分割が可能です。あるいは権利行使の単位のあることが不可分の根拠とされるのか。何が不可分なのか不明です。また、委託者に対する監督的権能を有する権利が含まれていることも理由としていますが、これは株式の議決権のような性質のものでもなく、これらが説得的な理由となるのかは疑問です。

③　**最判平成26年12月12日（全判1458号16頁）での展開**

　先の最高裁2月判決に引き続き、同年に出された本判決（以下「12月判決」という）の事実の概要は次のようです。すなわち、Aは死亡時に証券会社Bで購入した複数の投資信託受益権を有していたところ、死後これら投資信託受益権から収益分配金が発生し、その後に元本償還金も発生し、それらは証券会社BおよびBを吸収合併したY証券のA名義口座に預り金として入金された。そこで、Aの相続人XはYに対して、相続人として3分の1の相続分にあたる金員の支払いを求めたというものです。

　これに対し最高裁12月判決は、次の理由で預り金は当然に相続分に応じて分割されるものではないとした原審（高松高判平成24年9月11日金判1458号21頁）を支持し、「元本償還金又は収益分配金の交付を受ける権利は上記受益権の内容を構成するものであるから、共同相続された上記受益権につき、相続開始後に元本償還金又は収益分配金が発生し、それが預り金として上記受益権の販売会社おける被相続人名義の口座に入金された場合にも、上記預り金の返還を求める債権は当然に相続分に応じて分割されることはなく、共同相続人の1人は、上記販売会社に対し、自己の相続分に相当する金員の支払を請求することができない」と判示しました。

本判決は、2月判決を維持した上で、投資信託受益権から発生した元本償還金や収益分配金が預り金として口座に入金され、「金銭債権」となった後でも、「当然分割」とはならないことを明らかにし、この点で先の2月判決を一歩踏み出した判断をしています。このことは、相続時に当然分割の対象でなければ、その後に、判例上これまで当然分割とされたはずの金銭債権に変わっても、当然には分割債権とはならないということを意味しています。しかし、収益分配金については、これが法定果実と認められると、信託受益権が準共有でも、そこから生じた法定果実たる収益分配金は当然分割されると解する余地はあるわけです。相続財産中の不動産から生じた金銭債権たる賃料債権は分割帰属するとした最判平成17年9月8日（金法1760号27頁）があります。これと12月判決は、矛盾しないのでしょうか。このようにみてきますと、可分債権＝当然分割という公式が適用できる場面は、ほとんどなさそうにみえます。むしろ、発想の転換をはかって公式を否定するほうが解決の早道かもしれません。

4　相続株式の準共有——支配権の争奪

（1）　当然分割の立場

　株式が共同相続された場合は、可分債権と同様に当然分割され、整除できない端数についてのみ分割帰属しないと主張する見解があります。これは、共同相続人相互の利害調整という観点から、当然分割帰属を認めるのが公平であるとの主張です。その理由として、当然分割の是非は1個の株式が可分であるかではなく複数の相続株式が可分であるかどうかで考えるべきであり、仮に準共有と解すると会社法106条で権利行使者を定める必要が生じ、少数持分権者の相続人の利益が保護されず、さらに金銭債権でも厳密にいえば整除できない端数部分は生じるのであるから、整除できるかどうかは準共有となるかどうかの決め手にはならない点も指摘されるのです。このように解されるのは、各相続人は持分に応じて会社経営リスクを負担するのであるから、それに見合うだけの会社経営に対する支配権（議決権）が認められるべきであるとの趣旨でしょう。「当然分割説」によれば、各相続人は持分に応じた数の株式を保有するので、妥当な結論を得ることができるとされ、これが「準共有説」によると、権

利行使の方法に会社法106条の制約があるため、共同相続人のうち少数派が自らの意向を反映できない場合が生じ、また、多数派と権利行使者が結託すると少数持分権者を救済する有効な手段がないと批判されます。

　しかし、当然分割帰属とすることには大きな問題があります。経営継続の要請があることに着目しますと、当然分割説によって株式が相続により分割されると株式は遺産分割の対象外となります。その結果、相続株式の全部を後継者に取得させる道を閉ざすことになり、共同相続人間の終局的な紛争解決を妨げ、事業承継の障害とならないかが問題とされます。このような問題を避ける実務上の運用として、遺産分割の対象とならないはずの金銭債権についても、遺産分割の対象とするため黙示の合意を認定することで、当然分割説の帰結を回避する努力もなされているようです。さらに実務界が準共有の立場に立つ判例を前提に動いているという現実も考慮すると、準共有説の方向が支持できるとの指摘もあります。

　なお、上場会社の少数派株式については、共益権の価値は考慮する必要性が乏しいことを理由にして、そのような株式は当然分割されると解する余地もあるとの指摘もみられますが、上場会社の株式にも共益権があり、とりわけ議決権は無視できず、最高裁の立場からしても当然分割の解釈は困難といえます。

（2）　準共有（判例・通説）の立場

　当然分割説に対して、最高裁は一貫して、株式は遺産分割までは相続人に分割帰属せず、共同相続人間で準共有（民264条）の関係が生じるとしており（最判昭和45・1・22民集24巻1号1頁、同昭和52・11・8民集31巻6号847頁）、最高裁2月判決もその立場を維持し、不十分ながらもその理由を示しています。それを要約すれば、株式は、法律上の地位を意味し、株主は、自益権と共益権を有するので、このような株式に含まれる権利の内容および性質に照らせば、「共同相続された株式は、相続開始と同時に当然に相続分に応じて分割されることはない」ということです。

　学説も準共有説が通説で、相続が生じても当然に共同相続人に分割して帰属せず、共同相続人の準共有となると解しています。その理由として、株式は単なる権利というよりも会社に対する一定の地位であるから、金銭債権のような可分債権ではないとしているのです。しかし、準共有と結論づけるのが妥当で

あるとしても、これらの理由は準共有と解する上で必ずしも実質的な理由とはいえません。理論上の理由としてはともかく準共有でなければならないとまではいえないわけです。とりわけ、わが国で大多数を占める非公開の同族会社での株式相続を念頭において、その実態に応じた実際的な理由が求められ、このような会社では、株式相続が会社支配権を左右するということに目を向けて理由づけをなすべきです。

（3） 実質論からする検討

株式の相続という場面でいずれが妥当な結論を導きうるかが重要です。株式の性質論から準共有とし、あるいは共同相続の効力規定（民898条）だけを唯一の根拠に、相続株式についても準共有と決めつけるのは実際的ではなく説得力もありません。もとより相続株式を準共有と解する限り、あえて全員一致とすればともかく、少数派の利益が害されるという危険があります。この危険は、なるほど相続株式が各相続人にその相続分に応じて当然分割されると解することで解消するとはいえ、相続株式が当然分割されるという結論は、とりわけ多数を占める閉鎖的な同族会社にとって大きな問題となります。

閉鎖的な会社においては、大株主の死亡による株式相続の結果が会社支配権の行く末を決定づけます。株式の共同相続は、このような閉鎖的な同族会社について深刻な紛争が生じるため、その最終的な解決は相続人間の遺産分割協議に待つほかないでしょう。さらに現実の問題として、遺産分割は相続割合に応じて全ての財産をそれぞれ個別に分割するのではなく、たとえば、事業を承継する者に株式を相続させる代わりに、現金や不動産などを他の者に相続させるという分割方法が合理的であり、それが企業の存続にも資するのです。相続分に応じて株式が当然に分割されるという解決は、紛争の一体的な解決に支障となります。遺産分割協議が終局的な解決であるとすれば、その協議が成立するまで会社業務の停滞が予想され、その点が当然分割説から批判されそうですが、会社業務が停滞するからこそ、それが遺産分割協議を推進させる原動力になるということもできます。要するに、遺産分割協議の前に会社の法律関係が変動するというのは、紛争をより深刻化させることになり、当然分割という立場には看過できない問題があるといわざるをえないのです。相続株式の各共有者に議決権行使を認めれば、後の遺産分割の結果次第では、最終的に株式を保

有しなくなる相続人にも会社の法律関係の形成変動に関与させたことになり、望ましい遺産分割を阻害することとなります。

　なお、本章の中心課題から外れますが、権利行使者の選定について、全員一致と判示した徳島地判昭和46年1月19日（判時629号90頁）は、権利行使者1名を定めることを規定した趣旨について、それは「専ら共有株主権を行使するさいの会社に対する関係を会社の便宜のために規制しただけのもので、共有者相互（内部）の代表者選定行為自体を規定したものではなく、右内部関係の法的性質についてはこれを別個に検討すべきものである。しかして、前記のような共有者のなす代表者選定行為自体は被選定者（本件では原告）に対し広汎かつ重要な権限（本件の如く、場合によっては会社経営の死命を制することもある議決権の行使のほか利益配当受給権、各種の少数株主権の行使等にも及ぶ）を包括的に委託する一種の財産管理委託行為（債権法の領域）と目すべきものであつて、共有物につき個々の権利行使をその都度行ういわゆる管理行為または保存行為（物権法の領域—この場合は共有物の管理一般にならい、多数決または単独でなしうる。そして、これを規定した民法252条は強行法規である）とは次元を異にするものと解するのが正当であり、それ故その選定行為は性質上全員の合意をもつてする必要がある」としました。これは説得的といえます。

　したがって、この立場にたてば、過半数説に立った最高裁判決は破綻したというほかないわけです。持分過半数とする最判平成9年1月28日（判時1599号139頁）は、その理由として「準共有者の全員が一致しなければ権利行使者を指定することができないとすると、準共有者のうちの一人でも反対すれば全員の社員権の行使が不可能となるのみならず、会社の運営にも支障を来すおそれがあり、会社の事務処理の便宜を考慮して設けられた右規定の趣旨にも反する結果となるからである。」としました。しかし、これだけでは説得的な説明とは評価しがたいでしょう。

（4）　相続法理と事業承継の視点

　共同相続による財産の共有は、その後の遺産分割までの暫定的な状態を意味し、遺産分割は、遺産に属する財産の種類や性質、各相続人の年齢、職業、心身の状態および生活状況その他「一切の事情を考慮」して行われるわけで（民906条）、これは合有にも近い性質を有しています。これまで被相続人とともに

企業経営に従事していた相続人は、それ以外の相続人とは自ずと立場が異なり、事業承継に直結する株式の相続に際してもこのことは「考慮されるべき事情」になりえます。結果的に生じる財産的不均衡は、現金等で埋め合わせすればよいわけです。株式は社員の地位をあらわし、会社との継続的な法律関係を前提としているため、円滑な事業承継を実現するには株式は経営従事者に集中するのが望ましいでしょう。最近の高裁判決も、非公開で典型的な同族会社の株式について、その規模からして経営の安定のために、株式分散を避けるのが望ましいという事情があり、その事情が民法906条所定の事情に当たると認定して、他の相続人らには代償金を支払うことで、遺産分割において次期社長に就任予定の相続人の1人に当該株式の単独取得を認めました（東京高判平成26・3・20判時2244号21頁）。

株式の相続問題は相続法の支配する領域に属しますが、とりわけ中小の非公開同族的な会社については、会社支配権の争奪に関わる問題となります。法定相続人の遺留分割合が小さくないことから生じる問題もありますが、たとえば、農地は農業従事者に一括して相続させるのが農業経営の継続にとって望ましいのと同じように、事業承継は農地相続と類似する側面もあります。そこで、事業を承継する相続人について特例措置を設けるなど特段の配慮をすべきであるということもできます。事業承継については単独相続が望ましいといえます。しかし、株式共有の立場をとって相続株式は最終的には遺産分割制度によるとしても、非公開株式の金銭的評価が容易でなく、これは財産的評価のみに目を奪われがちな家庭の事件を扱う現行制度の下での家事事件には馴染まず、その手続の中で事業承継者を決めるのは至難の業です。なお、株式だけでなく営業用資産についても、細分化を避けて事業を承継する者に支障のないような分割が審判等でも試みられているようで、経営の継続が不可能になるような分割は合理的でないとされており、家族法の専門家からもこの問題は相続法が抱える大きな問題とされます。遺産分割手続と遺留分減殺請求が一本化されていることには違和感があり、立法論としては遺留分制度の存廃も含めた見直しが求められます。とりわけ事業継承の場面にあっては、民法特例を待つまでもない法制度の整備が今後の課題となり、相続法改正が具体化してきました。

5　遺産分割協議による解決と実務

　これまで判例が当然分割としたのは可分債権である金銭債権に限られていたはずです。ところが、最高裁2月判決および12月判決では、国債、投資信託受益権について、いずれも金銭給付に係る財産権であるにもかかわらず、法令による制限や他の諸権利を含む法的地位などを理由に、当然分割帰属の例外を認めています。このような傾向は、同じく金銭債権である定額貯金についてもみられたところです。さらに、細分化され譲渡されることを前提とした株式についても、同様に準共有とされています。ところが、いずれに関しても判例はその実質的理由について必ずしも説得的に語っておりません。

　判例からいえることは、金銭債権について分割帰属の立場を維持しながらも、相続財産を当然分割とする範囲を限定するのが妥当であると認め、共同相続した財産中に金銭債権その他の財産権が存在するときには、分割帰属の例外を広げていくというのが判例の立場といえます。このような判例の態度はどのように評価されるべきでしょうか。これまで確立された判例法理をもとに実務が定着していることに配慮すれば、判例の基本的な立場は維持されるべきであるということもできますが、その判例法理自体が、相続法理に適合していないのであれば、これまでの判例の立場を維持するのは本末転倒というべきです。共同相続財産については、遺産分割までは財産の一体性を維持するのが妥当と考えられてきたはずです。かつて合有説が勢いを増したのも、そこに理由があったはずです。判例は分割が可能な現金でも準共有とし妥当な解決をしたこともあわせ考えれば、すべての相続財産を共有・準共有とし遺産分割協議で決着するという方向に、判例もその発想を変えてみてはどうでしょうか。最近、このような大胆な提案も見受けられます。会社法106条が定める準共有株式の権利行使を議論する前提として、このような提案が妥当でしょう。

　新聞報道（日経2016年3月24日）によりますと、預金を他の財産と合わせて遺産分割の対象にできるかどうかが争われた審判の許可抗告審で、最高裁第一小法廷は同年3月23日に審理を大法廷に回付したとされていますので、判例の変更も現実味を帯びてきました。しかも、「民法（相続関係）等の改正に関する中

間試案」第2の2「可分債権の遺産分割における取扱い」規定も、可分債権を遺産分割の対象としていますので、立法上の手当ても実現しそうです。その中間試案の補足説明では、預貯金債権等の可分債権を遺産分割の対象に含めるものとしたうえで、遺産分割がされるまでの間も原則として各相続人の権利行使を認める【甲案】と、遺産分割がされるまでの間は原則として各相続人の権利行使を禁止する【乙案】の2案が提示されています。

長年、預金は当然分割とされ、法定相続分に応じて払い戻しをするといった判例・学説に、銀行界は翻弄されてきましたが、私も主張してきた「遺産分割」による方向へ、ようやく動き出しました。そこで、大法廷の判断を予測しますと2方向ありうるでしょう。①預金を不可分債権と理解し、遺産分割の対象とするもので、これは全面的な判例変更で明快です。これに対し、②遺産分割の対象とするのが相当とされる特段の事情（特別受益など）がある場合にその対象とするもので、具体的事情の考量が求められます。なお、相続預金の判例変更は相続債務の扱いにも影響しそうです。

【追記】　本稿脱稿後、平成28年12月19日、大法廷決定により上記①の判断が示されました（本判例については、山下眞弘「時事解説」税務弘報2017年4月号掲載予定）。

《参考文献》
二宮周平「預金債権の遺産分割対象性と払戻の制限」立命館法学363・364号（2015年5・6号）下巻
山下眞弘「準共有株式につき会社から共有者中1名の議決権行使を認めることの可否——東京高判平成24・11・18判タ1389号256頁」金融・商事判例1447号（2014年）
同「相続株式と現金・預貯金・国債・投信受益権——会社法106条解釈の前提問題」『会社法・倒産法の現代的展開』（民事法研究会、2015年）
同「共同相続開始後に投資信託受益権が預り金に転化しても不可分債権とされた事例——最二判平成26・12・12本誌1463号34頁」金融・商事判例1477号（2015年）
商事法務編『民法（相続関係）等の改正に関する中間試案』別冊 NBL No.157（商事法務、2016年）
日本私法学会シンポジウム報告：中田裕康・二宮周平・水野紀子「現代相続法の課題」私法77号（2015年）。

第8章　非公開会社の株式相続と会社法

> 《本章の要旨》
>   本章では、株式を相続した場合の権利行使の方法をめぐり、「議決権行使者の指定」について定める会社法106条に関する判例学説を詳細に解説します。株式の相続は法定相続分による単独相続であると解すことができれば、議決権行使者の問題は生じないのですが、閉鎖会社にあっては会社支配権を後継者に引き継ぐ要請があるため単独相続では事業承継の障害となり、共有（準共有）を出発点とするほかありません。本章では、これをめぐる議論を中心に解説します。

1　はじめに——相続法と会社法の交錯

　準共有状態の株式の権利行使に関して、会社法106条は、「株式が二以上の者の共有に属するときは、共有者は、当該株式についての権利を行使する者一人を定め、株式会社に対し、その者の氏名又は名称を通知しなければ、当該株式についての権利を行使することができない。ただし、株式会社が当該権利を行使することに同意した場合は、この限りでない。」と定めています（なお、持分会社については608条1項・5項）。この106条の規定は、会社法（2005（平成17）年7月26日法律第86号）が制定される前の旧商法203条2項「株式ガ数人ノ共有ニ属スルトキハ共有者ハ株主ノ権利ヲ行使スベキ者一人ヲ定ムルコトヲ要ス」を基本的に引き継いでいますが、会社法では、権利行使者の指定だけでなく通知が必要であることが明確にされるとともに、但書として会社の同意による例外規定が追加されています。なお、旧商法当時には、有限会社についても、旧有限会社法22条により「商法第203条ノ規定ハ持分ガ数人ノ共有ニ属する場合ニ之ヲ準用ス」とされていました。

　とりわけ会社法で追加された106条但書の意味するところが不明なままであ

るため、これまで蓄積された諸判例との整合性をめぐって解釈が分かれ、本条の法意の理解を困難なものにしています。さらには、そもそも株式を相続した場合に、相続人の準共有（数人で所有権以外の財産権を有する場合）となるのか、それとも当然分割されて単独所有となるのかについても見解が分かれています。単独所有となるのであれば、各相続人が議決権行使すればよいのですが、判例および学説の圧倒的多数は、共有状態と解しています。金銭等との比較をもとに、株式共有の当否とその理由を最初に検討します。結論として、共有と解した場合に、会社法106条の権利行使要件をめぐる議論について検討する必要があることがわかります。権利行使者の指定（選定）の方法（全員一致か過半数か）が問題となりますが、これは権利行使者の権限の範囲と不可分の関係にあるのか、両者を切り離して考えるべきかが議論となります。いずれにせよ、権利行使者が選定されない限り、株主権の行使ができないため、「会社が当該権利を行使することに同意した場合」の例外規定（106条但書）の解釈が重要となるわけです。会社による権利行使の認容には全く制約がないのか、制約があるとすればそれはどのようなもので、その制約に反した場合の効果なども問題となります。いずれも難題ですが、以上の検討を通してあらゆる場面に適応しうる理論構成は、会社法理だけでは限界のあることが明らかとなります。本来この課題は相続法の領域に属しており、会社法の中で自己完結的に解決するのは無理であるということを確認し、基本的には相続法理によって、あるいは相続法とその関連法分野とともに、立法的解決の道を探る必要があるということを指摘します。

　なお、本章で検討の対象とする会社は、株式が公開されておらず単独もしくは少人数の株主からなる株式会社であって、所有と経営が分離していない、いわゆる同族的な小規模会社を念頭においています。このような会社にあっては、相続問題が会社法の領域に波及する傾向があり、それに対応するため相続法と会社法の交錯する困難な問題が生じます。本章では、それを未然に防止するための方策も追求します。

　本章に関する平成以降の主要な判例としては、会社法106条制定前のものに、①最高裁平成2年判決（最判平成2・12・4判時1389号140頁）、②最高裁平成3年判決（最判平成3・2・19判時1389号140頁）、③最高裁平成9年判決（最判平

成9・1・28判時1599号139頁)、および④最高裁平成11年判決（最判平成11・12・14判時1699号156頁）があり、会社法106条制定後に現れたものには、⑤大阪高裁平成20年判決（大阪高判平成20・11・28判時2037号137頁)、⑥東京高裁平成24年判決（東京高判平成24・11・28判タ1389号256頁)、および⑦最高裁平成26年判決（最判平成26・2・25平成23年（受）第2250号——共有物分割請求事件——公刊物未登載）があります。なお、判例の基本的な立場は、会社法制定の前後でほぼ一貫しているようにみえます。

2　株式相続の効果——共有か当然分割か

（1）　準共有とする立場

　株式も金銭等と同様に一身専属的な権利（民896条但書）ではないため、相続の対象となります（持分会社については608条1項・5項参照）。そこで、相続人が複数の場合に株式は相続人にどのように帰属するかが問題となるわけです。これについて、これまでも最高裁は、株式は遺産分割までは相続人に分割帰属せず、共同相続人間で準共有（民264条）の関係が生じるとしてきましたが（最判昭和45・1・22民集24巻1号1頁、同昭和52・11・8民集31巻6号847頁等)、直近の最高裁平成26年判決（最判平成26・2・25）も、これまでの結論を維持しその理由を示しています。要約すれば、株式は、法律上の地位を意味し、株主は、自益権と共益権を有するので、このような株式に含まれる権利の内容および性質に照らせば、「共同相続された株式は、相続開始と同時に当然に相続分に応じて分割されることはない」と判示しています。

　学説も準共有説が通説であり、相続が生じても当然に共同相続人に分割して帰属せず、共同相続人の準共有となると解しています。その理由として、株式は単なる権利というよりも会社に対する一定の地位であるから、金銭債権のような可分債権ではないとしているわけです。しかし、準共有と結論づけるのが妥当であるとしても、これらの理由は、準共有と解する上で必ずしも実質的な理由とはいえそうにないわけで、理論上は準共有でなければならないとまではいえないのです。とりわけ、わが国で大多数を占める非公開の同族会社での株式相続を念頭において、その実態に応じた実際的な理由が求められ、このよう

な会社では、株式相続が会社支配権を左右するということに目を向けて理由づけをなすべきでしょう。

（2） 当然分割とする立場

準共有説に対して、株式が共同相続された場合は、可分債権と同様に当然分割され、整除できない端数についてのみ分割帰属しないと主張する見解があります。これは、共同相続人相互の利害調整という観点から、当然分割帰属を認めるのが公平であるとの主張です。その理由として、当然分割の是非は1個の株式が可分であるかではなく複数の相続株式が可分であるかどうかで考えるべきであり、仮に準共有と解すると会社法106条で権利行使者を定める必要が生じ、少数持分権者の相続人の利益が保護されないとし、さらに金銭債権でも厳密にいえば整除できない端数部分は生じるのであるから、整除できるかどうかは準共有となるかどうかの決め手にはならない点も指摘されます。このように解されるのは、各相続人は持分に応じて会社経営リスクを負担するのであるから、それに見合うだけの会社経営に対する支配権（議決権）が認められるべきであるとの趣旨と理解できます。当然分割説によれば、各相続人は持分に応じた数の株式を保有するので、妥当な結論を得ることができるとされ、これが準共有説によると、権利行使の方法に会社法106条の制約があるため、共同相続人のうち少数派が自らの意向を反映できない場合が生じ、また、多数派と権利行使者が結託すると少数持分権者を救済する有効な手段がないと批判されます。

しかし、当然分割でよいかが問題となります。当然分割説によって株式が相続により分割されると株式は遺産分割の対象外となります。その結果、相続株式の全部を後継者に取得させる道を閉ざすことになって、共同相続人間の終局的な紛争解決を妨げ事業承継の障害とならないか。このような問題を避ける実務上の運用として、遺産分割の対象とならないはずの金銭債権についても、遺産分割の対象とするため黙示の合意を認定することで、当然分割説の帰結を回避する努力もなされているようです。さらに実務界が準共有の立場に立つ判例を前提に動いているという現実も考慮すると、準共有説の方向が支持できるとの指摘もあります。

（3） 準共有か当然分割か

　いずれも理論上の説明としては成り立ちますが、株式の相続という場面では、いずれが妥当な結論を導きうるかという視点が重要です。株式の性質論から準共有とし、あるいは「相続人が数人あるときは、相続財産は、その共有に属する。」と定める共同相続の効力規定（民898条）を根拠に、相続株式についても当然に準共有関係と決めつけるのは実際的ではないといわざるをえません。相続株式を準共有と解する限り、少数派の利益が害される危険もあり、確かにこの点に問題はあります。この問題は、相続株式が各相続人にその相続分に応じて当然分割されると解することで解消するのは事実ですが、相続株式が当然分割されるという結論は、とりわけ閉鎖的な同族会社にとって大きな問題となります。

　閉鎖的な会社においては、大株主の死亡による株式相続の結果が会社支配権の行く末を決定づけます。株式の共同相続は、このような閉鎖的な同族会社について深刻な紛争を生じるため、その最終的な解決は相続人間の遺産分割協議に待つほかないわけです。さらに現実の問題として、遺産分割は相続割合に応じて全ての財産をそれぞれ個別に分割するのではなく、たとえば不動産をAに、事業の承継（株式）はBに相続させるという分割方法が合理的であり、それが企業の存続にも資するといえます。相続分に応じて株式が当然に分割されるという解決は、紛争の一体的な解決に支障となることが危惧されます。遺産分割協議が終局的な解決であるとすれば、その協議が成立するまで会社業務の停滞が予想され、その点が当然分割説から批判されそうですが、会社業務が停滞するから後継者が遺産分割協議を推進させるとの見方もできます。しかし、他方で後継者でない相続人は業務の停滞に関心がないため、協議成立に同意する条件として自分に多くの取り分を要求することにもなりかねません。

　なお、会社支配権に影響しやすい閉鎖会社とは異なって、上場・大会社の株式で持株数割合が会社支配とは無関係な場合は、配当受領権や売却代金受領権など金銭債権的な側面が強く可分債権として扱う余地もなくはないでしょう。しかし、そのような大会社の株式にも議決権などが含まれているため会社に対する地位を表していることに変わりはありません。したがって、会社の規模ごとに株式の取扱いを異にするのは慎重に判断すべきです。

要するに、遺産分割協議の前に会社の法律関係が変動するというのは、紛争をより深刻化させることになり、当然分割という立場には看過できない問題があるといわざるをえないでしょう。相続株式の各共有者に議決権行使を認めれば、後の遺産分割の結果次第では、最終的に株式を保有しなくなる相続人にも会社の法律関係の形成変動に関与させたことになり、望ましい遺産分割を阻害することも危惧されます。

（4） 相続法理の視点

共同相続による財産の共有は、その後の遺産分割までの暫定的な状態を意味し、遺産分割は、遺産に属する財産の種類や性質、各相続人の年齢、職業、心身の状態および生活状況その他「一切の事情を考慮」して行われるわけで（民906条）、いわば合有にも近い性質を有しているともいえます。家屋は被相続人と同居していた者に所有させ、農地も農業に従事している者に引き継がせるのが望ましいのと同様に、これまで被相続人とともに企業経営に従事していた相続人は、それ以外の相続人とは自ずと立場が異なり、事業承継に直結する株式の相続に際してもこのことは「考慮されるべき事情」になりうるわけです。それによる不均衡は、金銭その他で埋め合わせすればよいのです。

株式は社員の地位をあらわし、会社との継続的な法律関係を前提としています。これまで事業の維持に努めてきた相続人に経営能力がなく、それ以外に経営者として相応しい相続人が存在することが明らかな場合は別としても、株式の相続は経営従事者に集中するのが円滑な事業承継上は望ましいといえます。創業者が存命中に、その経営に従事している特定の相続人を事業の後継者として指定しているような場合には、遺言書の有無に関わらず、指定された相続人が事業を承継できるよう株式もその者に集中させるのが、企業維持ないし国民経済的観点からも合理的な処理といえます。

3 権利行使者の権限とその指定方法

以上の検討の結果、相続株式は「準共有」状態にあると解すべきことが明らかとなりました。そこで、株式相続人の権利行使はどのようにすべきかが次の問題となります。それを定める会社法106条によれば、株式の共有者は権利行

使者を指定して会社に通知することが求められています。この指定と通知をしないと、会社が権利行使に同意した場合は別として、会社の同意がない限り誰も権利を行使できないことになります。本条の趣旨は、会社の「事務処理の便宜」のためであるとされてきました（最判平成11・12・14）。株式の共有者が個別に権利行使してくるのを認めると事務処理が煩雑となり、会社が対応できなくなることが想定されるからです。しかし、本条の趣旨は、事務処理の便宜のためだけではなく、株式「共有者の保護」のためでもあるとする有益な指摘もあります。特に本章の対象とする非公開・同族会社は株主数も僅かで必ずしも事務処理が煩雑になるとはいえず、株式共有者の保護という趣旨も付加することで説明が成り立ちます。権利行使者の指定と通知を要件とし、会社が都合よく任意に議決権行使者を指定するのを防止することは、共有者の保護とりわけ少数派の保護になります。立法理由の中で本条但書の趣旨が必ずしも明確にされなかったため、これをめぐる争いが未解決のまま残されていますが、本条の趣旨は、上記2つの目的を含むものと理解すべきでしょう。

その前提からは、あるいは権利行使者の権限もその指定方法と関連づけて理解すべきことになるかもしれません。権利行使者の権限に制約がないとすれば、その指定は厳格な方法によるべきですが、議決権の不統一行使などによって権利行使者は共有者の意思を反映すべきであるとするならば、論理的にはその指定も緩やかな基準で足りると一応いうことはできます。しかし、全員一致で権利行使者を指定しないと終局的な解決にならないとの見方もあり、この点に着目すれば権利行使者の権限と切り離して、その指定要件を厳格にする必要も否定できないでしょう。これについて、権利行使者の権限を無制約とせず、共同相続人に与える影響の大きさで制約の有無を考えるのであれば、権利行使者の指定自体は共同相続人に「権利行使の途」を開くだけであると理解することもできます。現実の問題として、少数派1人の反対で権利行使者の指定すらできないという事態は避けるべきで、その点も考慮すれば、結論として権利行使者の指定に必ずしも「全員一致」を要求する必要はないということになりそうですが、これが議論の核心部分です。

なお、会社法106条を事務処理の便宜のための規定であると解するとしても、それは多数の株主が存在する公開会社についていえることであり、前述し

たように非公開の同族会社では株主・相続人の把握は容易であるから、会社の事務処理の便宜を問題とする必要が認められず、個人の株式保有比率も高いため、むしろ株式が相続により共有状態となることによって生じる問題が大きいといえます。なお、遺産分割によって共有状態は解消されますが、紛争によって遺産分割手続が難航すれば、長期間にわたって共有状態が継続するため、そのような事態を避けるためにも遺産分割協議は急ぐべきですが、それも困難であるという現実に照らせば、実務上の終局的解決は公正証書遺言によるべきであることはいうまでもありません。

（1） 権利行使者の権限に制約があるか

これについて、最高裁昭和53年4月14日判決（判時892号100頁）は、「有限会社において持分が数名の共有に属する場合に、その共有者が社員の権利を行使すべき者一人を選定し、それを会社に届け出たときは、…共有者間で総会における個々の決議事項について逐一合意を要するとの取決めがされ、ある事項について共有者の間に意見の相違があっても、被選定者は、自己の判断に基づき議決権を行使しうると解すべきである。」としました。この最高裁判決によれば、共同相続人間で権利行使につき内部的な取り決めがあったとしても、それは会社に対して対抗できない趣旨と理解されています。本判決は、集団的法律関係には画一的処理の要請が働くため合理性があるとされますが、会社が株式共有者と権利行使者との間の合意内容を知っている場合に合意違反が明らかであれば、その権利行使は会社との関係でも無効と解するのが相当であると指摘されます。とりわけ非公開の同族会社では、この見解によるのが妥当な場合が多いでしょう。

なお、会社法106条本文の権利行使者が行使する「株主の権利」について、旧商法203条2項（106条）の権利について特に制限を設けていないため、権利行使者に行使される権利には株主の全ての権利が含まれるとされています。これを示す旧商法当時の最高裁判例としては、①株主総会の議決権に関する本判決のほかに、②株主総会決議不存在確認の訴えの原告適格に関する平成2年12月4日判決、③合併無効の確認の訴えの原告適格に関する平成3年2月19日判決、④社員総会の決議不存在確認の訴えの原告適格に関する平成9年1月28日判決、⑤株主総会の議決権に関する平成11年12月14日判決などがあります。た

だし、平成2年12月4日判決と平成3年2月19日判決は、いずれも権利行使者が指定・通知されなければ権利行使することはできないとしつつ、「特段の事由」による例外を認めましたが、この判断基準は曖昧であるとの批判があります。そうであれば、権利行使者の指定はきわめて重要となるのですが、本判決の結論は非公開の同族会社にとっては問題があります。

多数の学説は、権利行使者によって行使される権利には、株主の全ての権利が含まれると解し、その理由として、会社法106条の趣旨は会社の便宜のために設けられたものであることを挙げます。これに対して、権利行使者によって行使される権利を制限的に解する考え方もあります。制限される具体的な内容を概括的に示しますと、たとえば、①株主総会決議不存在確認の訴えなどは原告適格を制限する規定がないため共有者も単独で行使可能とし、決議取消の訴えの提起などについても同様に単独で行使を可能としたり、また、②共同相続された株式が会社の全発行株式または過半数である場合には共有者の相続持分に応じた権利行使を認めるべきであるとしたり、さらには、③会社の事務処理が煩雑とならない場合等については、共有者も単独で権利行使することができるとするなど、その制限の内容はさまざまです。この権限の範囲は、次に検討する権利行使者の指定（全員一致か過半数か）にも関わりますが、いずれにせよ結論的に権利行使者の権限を「無制約」なものと解するのは問題です。

（2） 権利行使者の指定——全員一致か過半数か

① 過半数説——判例の立場

これについて、権利行使者は共有持分の過半数による多数決で決めることができるとするのが判例の立場です（最判平成9・1・28）。その条文上の根拠として、権利行使者の指定は共有物の「管理行為」にあたるので、民法252条本文の過半数基準によることとなるとしたうえで、その実質的な理由として、もし共有者の「全員一致」が求められれば、そのうち1人でも反対すれば全共有者の株主権行使が不可能となり、会社運営に支障をきたす恐れがあるとします。そこで、持分過半数とする最高裁平成9年1月28日判決は、「持分の準共有者間において権利行使者を定めるに当たっては、持分の価格に従いその過半数をもってこれを決することができるものと解するのが相当である。ただし、準共有者の全員が一致しなければ権利行使者を指定することができないとする

と、準共有者のうちの1人でも反対すれば全員の社員権の行使が不可能となるのみならず、会社の運営にも支障を来すおそれがあり、会社の事務処理の便宜を考慮して設けられた右規定の趣旨にも反する結果となるからである。」としました。

なお、最高裁平成11年12月14日判決も、上記平成9年1月28日判決を引用して、「共有者間において権利行使者を指定するに当たっては、持分の価格に従いその過半数をもってこれを決することができると介すべきである。」と判示し、判例の立場は過半数説で固まったと解されています。問題は、果たしてこれでよいかどうかです。

このような判例の立場によるのであれば、指定・通知の手続は以下のように行うべきであるとの指摘があります。すなわち、共有持分の過半数を有する準共有者は、まず、他の準共有者に対して、権利行使者の指定・通知に参加するように求め、一部の準共有者が指定・通知への参加をあくまでも拒否する場合には、その準共有者に指定・通知に参加する機会を与えた上で、共有持分の過半数を有する準共有者だけで権利行使者を指定・通知することも可能で、たとえば、指定・通知について協議を行う日時・場所を合理的に設定し、それを全準共有者に知らせるなどの方法がありうるとされます。それに関連して、大阪地判平成9年4月30日（判時1608号144頁）は、「…右権利行使者の選定及び通知が持分の準共有者の利害と密接な関係を有することを勘案すると、権利行使者の選定及び会社に対する通知は、持分の準共有者の一部の者のみによってすることはできず、全準共有者が参加して右選定及び通知をすべきであり、仮に全準共有者が参加してすることができない事情がある場合においても、少なくとも参加しない他の準共有者に対し、右選定及び通知に参加し得る機会を与えることを要するものと解すべきである。」として、共有者に対して権利行使者とする選定および通知の手続に全く関与されなかった場合は、権利行使者の選定および通知手続には重大な瑕疵があるとして、この選定・通知には効力がないとしました。

このように丁寧な手続を踏むのであれば、権利行使者の権限がどのような範囲であるにせよ、権利行使者の指定行為は、相続株式の共有者に権利行使の途を開くだけの行為に過ぎないということもでき、「過半数」でも足りるという

ことになるでしょう。これだけ慎重な手続を要求するのなら、全員一致を求めるのと実質上変わらないともいえます。

② 全員一致の立場

これに対し、全員一致を要求する見解も根強いのです。すなわち、権利行使者の権限が広範なものであるとすれば、事実上にせよ、その指定は企業の承継者まで決定づける可能性もあり、その重大性から「共有物の変更」（民251条）に相当するとみるわけです。判例の立場は、権利行使者の権限を広く認めながら、権利行使者の指定は共有持分の過半数で足りるとしているのですが、そのような広範な権限と緩やかな指定条件とで整合性があるといえるのかが問われます。そこで、全員一致説は権利行使者に広範な権限を認めるのであれば、その指定は厳格になるというのが整合的であると主張されるのでしょう。

全員一致説は、会社の経営権をめぐって相続人間に争いが生じている場合には、過半数説を採用すると持分の過半数を占めるグループが相続株式全部について自派に有利な権利行使をし、少数持分権者の利益を完全に無視した不合理な結果となると指摘し、権利行使者の指定は管理行為の範囲に属するものとは解されず「処分行為」であるとします。とりわけ、小規模非公開会社では、権利行使者の指定が実質的な企業の承継者の決定を意味し、権利行使者の指定は単なる共有物の管理行為とみることはできないとするわけです。

全員一致とする見解は、共同相続人間の合意が成立しない限り、相続株式の権利行使をさせないでおいて、最終的には遺産分割協議が成立するまで現状を維持したほうがよいとの価値判断によっています。しかし、共有者の他にも多くの株主が存在すれば、共有者以外の株主が総会決議を成立させてしまうという事態も起こりうるのであり、全員一致を要件としてもこれだけは避けられないでしょう。さらには、株主として共有者のみが存在する場合であっても、遺産分割に適切な企業承継を期待できず、全員一致とする見解が正しいとは限らないとする指摘もあります。共同相続人間に争いがあれば、遺産分割協議も円滑にいかないし、家庭裁判所での審判となれば（民907条2項）、企業の承継者の決定を裁判所に期待することもできそうにないというわけです。確かに、最適といえる承継者の決定は、必ずしも審判制度に多くを期待できないという点は理解できますが、共同相続人間に争いがある場合に、現行法上の最終的な決

着は遺産分割協議もしくは審判によるほかないのも事実なのです。相続株式の奪い合いの段階で、株式だけの相続持分を争えば株式の分散を避けることができず、結果として事業承継は失敗に終わります。すべての遺産を前にして、株式の集中を実現すべく遺産分割協議に待つのが次善の策といえるのではないでしょうか。

　下級審には全員一致とする判例もあります。その詳細を示す徳島地判昭和46年1月19日（判時629号90頁）は、「（準）共有株式（持分権も同じ）の権利行使者1名を定めることを規定した商法203条2項の趣旨は専ら共有株主権を行使するさいの会社に対する関係を会社の便宜のために規制しただけのもので、共有者相互（内部）の代表者選定行為自体を規定したものではなく、右内部関係の法的性質についてはこれを別個に検討すべきものである。しかして、前記のような共有者のなす代表者選定行為自体は被選定者（本件では原告）に対し広汎かつ重要な権限（本件の如く、場合によっては会社経営の死命を制することもある議決権の行使のほか利益配当受給権、各種の少数株主権の行使等にも及ぶ）を包括的に委託する一種の財産管理委託行為（債権法の領域）と目すべきものであつて、共有物につき個々の権利行使をその都度行ういわゆる管理行為または保存行為（物権法の領域—この場合は共有物の管理一般にならい、多数決または単独でなしうる。そして、これを規定した民法252条は強行法規である）とは次元を異にするものと解するのが正当であり、それ故その選定行為は性質上全員の合意をもつてする必要がある」としました。

　全員一致説は、権利行使者の指定行為は包括的な権限を授権する行為であるという発想を基本にしているため、この立場からは、指定された権利行使者は当然に自由に株主権を行使することができると考える方向に向かいます。これに対して、権利行使者の指定方法につき過半数説を前提とする場合は、権利行使者の権限を無制約とする立場と制約があるとする立場に分かれ、前者では権利行使者は自由に株主権を行使することができるとし、後者（多数説）は、権利行使者の権利行使は共有者内部の意思決定に基づくとする方向になります。その結果、共有者全員の合意がある場合には合意により、合意がない場合には民法251条、252条に従うこととなるわけです。さらに同じ制約説の立場をとる場合でも、たとえば取締役の選解任について、とりわけ支配株の共同相続の

ケースでは、会社支配権の帰趨に影響を与えるので共有者全員の同意を要するとする等、諸見解が林立しています。

このように学説は細かく分かれていますが、権利行使者の指定は多数決でできるか全員一致を要するかという問題は、その指定が、権利行使者にどのような権限を付与することになるか、また各共同相続人の持分権にどのような影響を及ぼすかが重要なのです。その意味で権利行使者の指定そのものは、各共同相続人に会社に対する権利行使の途を開く行為に過ぎず、管理行為とみて多数決で決することができるとする指摘もあります。

（3） 議決権の不統一行使

権利行使者の指定について、いずれの立場をとるとしても、権利行使者の権限の範囲をどうするかという難題が残されます。共同相続人は権利行使者に全権委任したと理解してよいのかが問われます。とりわけ、共同相続人の全員一致によるのでなく過半数で権利行使者を指定した場合に、少数派の保護をどのようにして図るのかが問題となります。少数派の立場からすれば、権利行使者を通して自己の株式持分について自分の指示による議決権行使を求めたいでしょうが、会社法313条3項について、会社はこのような不統一行使を拒むことができるのではないかという解釈もあります。会社が不統一行使を拒めないと解釈しても、権利行使者は共有者の指示に従う義務があるかという民法249条以下の共有規定に係る問題もあるのです。

① 不統一行使規定の解釈

会社法313条1項によって議決権の不統一行使ができる典型例は、株式信託の引き受けなど株主が「他人のために株式を有する」場合（同条3項）を念頭においているものと解されています。信託であれば、受託者が法律上株主となるため、信託会社が受益者の意向によって議決権を行使するためには必然的に不統一行使を認めることとなりますが、共有については議論があります。かつては、共有者の決議で統一した意思決定が可能であることを理由に、この場合は不統一行使を認める必要がないとする見解もありましたが、現在は共有についても不統一行使を認めるとされています。なお、共有者間に意見対立がある場合に、持分割合に比例した議決権の不統一行使が最適の解決であるのなら、共有者の保護に配慮して不統一行使によって処理すべきとし、裁判所の許可制

度の導入を示唆する見解もあります。

　そこで、本条3項のいう「他人のために株式を有する者」の意味が問題となります。これは、実質上の株主と名義上の株主とが異なる場合に、実質上の株主に権利行使させるのが妥当な場合であると解されますが、これには共有株式の代表者（106条）も該当します。株式保有についてリスクを負担するという点では、共有者も信託の受益者と同じであり、信託に不統一行使を認めるのであれば共有にも認めない理由は見出せません。ただし、相続による共有につき遺産分割協議の前に議決権の不統一行使を認めてしまうと、すでになされた「不統一行使」と後の「遺産分割」の結果とが異なった場合に、困難な会社法上の問題を生じることが危惧されます。

② 共有規定の解釈

　議決権の行使について、民法の共有規定の類型によれば、それが共有物の「管理」に該当するとみれば、その決定は共有持分の「過半数」で行うこととなり（民252条本文）、権利行使者は各共有者の指示に従って議決権行使をする義務を負うこととなります。これを共有物の「変更処分」とみれば、「全員一致」を要求することとなります（民251条）。これに対し、共有の使用と同じく共有者の持分に応じた議決権行使は共有者の本来的な権利とみれば（民249条）、本来、共有者は各自の持分に応じて議決権行使をすることができることとなります。しかし、それを実行すれば会社の事務処理が煩雑となるので、権利行使者を通じて権利行使をするよう求めていると理解するものです。これによれば、各共有者は自己の持分については、権利行使者に対し自己の指示に従って行使するよう請求できるとともに権利行使者は応じる義務があるということになるとします。この最後の見解は、持分権者にはリスクに見合ったコントロールを認めるべきであるとするものです。この段階での持分は遺産分割の前であって、いまだ株式持分の行方は確定していないことをどのように考えるかが問題となります。

　これに関して判例は、すでにみたように権利行使者は自己の判断で権利行使することができ、内部的な制限は会社に対抗できないとしています（前掲最判昭和53・4・14）が、権利行使者が共有者の指示に反したことについて会社が悪意の場合は、そのことをもって会社に対抗できると解するのが妥当であると

すれば、そのような解釈の余地はあります。とりわけ本章で問題としている非公開会社にあっては、その悪意が認定されやすいでしょう。ただし、会社に対抗できると解すると、不統一行使の結果、株主総会決議取消訴訟など会社法上の問題が生じることも危惧されます。共有の内部関係については、現行法上は民法249条以下の共有規定によって決するほかありませんが、単純に共有規定から無条件に結論を導き出すのは妥当といえず、実態に見合った判断をすべきです。

（4）　会社法制定後の参考判例

相続で共有状態にある株式の権利行使者の定め等が「権利の濫用」に当たり許されないとした大阪高判平成20年11月28日が注目されます。事実関係は次の通りです。

Y株式会社の創業者Aには、妻B、子X1、X2およびCがおり、Cの夫DはA・Bと養子の関係にあり、AはDを後継者と指名し、Dが社長としてY会社を経営していた。AおよびBが相次いで死亡した後、Y会社の株式はX1・X2・C・Dの共有とされた。その後、両派に分かれて紛争となり、X1・X2はC・Dに対し、X1を共有株式の権利行使者とすることの了承を求めたがC・Dがこれに応じなかったため、X1・X2は、協議不調のままY会社に対して権利行使者をX1と指定することを通知したところ、Y会社の株主総会では、議長DがX1の代理人による議決権行使を拒否し、Yの提案にかかる議案が可決されX1・X2の提案に係る議案は否決された。そこで、X1・X2は、Yに対し主位的に、自らの提案議案の可決決議が成立したこと等の確認を求めるとともに、予備的請求として、①Y会社による提案議案の可決決議不存在確認および②本件各決議の取消を求めて訴えを提起した。

ところが、原審が予備的請求②を認容したためYが控訴し、X1・X2が附帯控訴したというものです。

《判旨》原判決一部取消、Xの請求棄却、附帯控訴棄却（上告不受理）―――

「共同相続人間の権利行使者の指定は、最終的には準共有持分に従ってその過半数で決するとしても、…準共有が暫定的状態であることにかんがみ、またその間における議決権行使の性質上、共同相続人間で事前に議案内容の重要度に応じしかるべき協議をすることが必要であって、この協議を全く行わずに権利行使者

を指定するなど、共同相続人が権利行使の手続の過程でその権利を濫用した場合には、当該権利行使者の指定ないし議決権の行使は権利の濫用として許されないものと解するのが相当である。」

「X1らは、…AとBの死亡を契機として本件株式が準共有の状態となり、これが遺産分割が終了するまでの暫定的な事態にもかかわらず、この間に限り、…X1らにおいてわずか400株の差で過半数を占めることとなることを奇貨とし、Y会社の経営を混乱に陥れることを意図し、…権利行使者の指定について共同相続人間で真摯に協議する意思をもつことなく、単に形式的に協議をしているかのような体裁を整えただけで、実質的には全く協議をしていないまま、いわば問答無用的に権利行使者を指定したと認めるのが相当である。」「そうとすれば、…X1らの本件株式についての権利行使者をX1とする指定は、法の定める手続を無視すると同様な行為と評価せざるをえず、もはや権利の濫用であって、許されないものといわざるを得ない。」としました。

本件は、創業者の死亡を契機として、創業者の保有株式が準共有状態となったところ、現経営者とわずかの差で過半数を占めることとなった原告らが、これまで経営に関与していなかったにもかかわらず、これを奇貨として経営支配権を奪取しようとした事例とされています。株式の準共有は一時的暫定的状態に過ぎず、会社の事務処理の便宜のため権利行使者が会社との関係で準共有者を代表するとされているので、この制度を濫用することは許されないとし、共同相続人間でしかるべき協議をする必要があるとした点で注目されます。本判決は、これまでの先例に沿うものと認められ、しかもAの遺産分割審判でも、Aの後継者Dに株式を集中的に相続させる結果となっており、その点でも結論は妥当ということができます。

4 会社側からの権利行使の認容

会社法106条但書は、権利行使者の指定・通知がなくとも、会社が同意すれば共有者は権利行使ができる旨を定めています。会社が同意するというのは、具体的には代表取締役の同意（349条4項）もしくは総会議長の同意（315条参照）を意味することに留意すべきです。そこで、この同意が代表取締役・議長の自由な判断でできるとすれば、議長などの思いのまま議決権行使されてしまわないかという疑念が生じます。特に非公開会社では、議長も共同相続人の1人であったり主要株主であったりすることが想定されます。

（1） 判例の立場と評価

　会社法106条が制定される前には、このような但書に相当する明文はなかったのですが、その当時の最高裁は、権利行使者の指定・通知がない場合について、「共有者全員が議決権を共同して行使する場合を除き」会社側から共有者の議決権行使を認めることも許されないとして（前掲最判平成11・12・14）、会社の勝手な行為を防止しました。その後に会社法106条但書が規定されましたが、そこには会社の同意について特に限定も定められず、会社の同意があれば共有者は権利行使ができるとだけ規定されたため、その解釈をめぐって議論が錯綜し、一方で1999（平成11）年判決の結論が否定されたとみる見解がありますが、それとは正反対に同条は11年判決と同じ趣旨の規定とする見解もみられ、いずれが当たっているとも断定はできません。いずれにせよ、本条但書によって会社の同意が全くの自由判断に任されたと解釈するのは問題です。

（2） 会社法106条但書の適用範囲

　これについては、共有の内部関係に関する問題の理解との関わりで、適用範囲に関する解釈も決まるとする見解があります。すなわち、共有株式の議決権行使の方法について、共有持分の「過半数」で決定すると解するのであれば、各共有者が議決権を行使するのも同じくその過半数の決定がなければ、たとえ会社が同意しても行使できないことになります。その理由として、これは共有の内部関係上の問題であるから、会社がその関係を変更できないというわけです。これに対し、各共有者が共有持分に応じて本来は議決権行使ができるが、会社の事務上の便宜のために権利行使者に指示して権利行使することが求められているに過ぎないとみれば、会社の同意があれば各共有者は持分に応じて議決権を行使できるという結論になります。いずれにしても、会社が同意さえすれば、無条件で会社法106条但書が適用され、各共有者は議決権行使ができるという結論は問題です。それが実質的な株式分散に繋がるだけでなく、会社の同意を得られない少数派の排除にも濫用されるからです。その救済としては、決議の瑕疵を問う道がありますが、その権利行使にも106条但書の適用があるとし権利行使者を通じて行う必要があるのか、それとも共有者が単独で行いうるかが議論となり、これは「監督是正権」の行使要件の問題です。

（３） 違法状態の是正と議決権行使

　権利行使者が指定されなければ、株式の共有者は株主権の行使ができないとすると、たとえ決議に瑕疵があっても、権利行使者の指定がない限り是正する途がないということになりそうです。これまでに見た最高裁判例は、このような場合でも権利行使者を通じた訴訟提起を求めるとの原則を維持しながら、それが不都合な場合は「特段の事情」を認定することで解決してきました。平成2年12月4日判決は準共有株式が発行済株式の全部、平成3年2月19日判決は過半数を占めており、いずれにおいても相続人間の紛争のため権利行使者の指定・通知が行われていない事案でしたが、一部の相続人の手によって、本来成立するはずのない取締役選任決議や合併承認決議が成立したものとして登記されていたため、少数持分権者が株主総会決議不存在確認の訴えや合併無効の確認の訴えを提起しました。被告会社は、それぞれの事案につき権利行使者の指定がないことを理由に原告適格を争いましたが、最高裁は、被告会社が本来権利行使者の指定・通知の手続が履践されたことを前提に各株主総会決議が成立したことを主張・立証しなければならないとする一方で、権利行使者の指定・通知が行われていないことを理由に原告適格を争うことは、同一訴訟手続内で旧商法203条2項の趣旨を恣意的に使い分けるものであり、訴訟法上の防御権を濫用するものであって、信義則に反するとして、「特段の事情」が認められるとして原告がこれらの株主権を行使することを認めました。

　これに対し、「特段の事情」という不明確な概念で不都合な状況を回避するのは不安定であり、これには批判も少なくありません。そこで、いかなる権利行使にも会社法106条が適用されるとするのは問題であると批判され、総会決議の瑕疵を争うのは違法状態を是正する行為であるから、それは民法252条但書の保存行為に該当し、共有者が単独で訴訟を提起することができるとする見解もあります。監督是正権に関しては、最高裁平成2年および3年判決が示した「特段の事情」という例外解釈によるのではなく、会社法106条の適用外とする旨の見解が少なからずみられ、基本的には妥当というべきでしょう。

　確かに、違法状態を是正することは正義にかなうわけで、原告適格に制約のない総会決議の不存在確認や無効確認訴訟（830条）については問題がないとしても、原告となりうる者として株主であることが要件とされる決議取消訴訟

(831条1項)については、議論となりえます。遺産分割前のため暫定的とはいうものの、この場合はともかく株主であると看做すなどして、共有株主に決議の瑕疵を是正させるのが公正な判断といえそうです。最高裁平成2年・3年判決に関して、会社訴訟一般について、共同相続による株式の準共有者に訴え提起権を認める解釈が検討されるべきであり、共同相続人間に利害対立があって、遺産分割も準共有株式に関する権利行使者の選定もできない状態を「特段の事情」として、旧商法203条2項（106条）の解釈に織り込むことも十分検討に値するとの有益な指摘もみられます。

これに関連して、旧商法203条2項は会社の事務処理の便宜のため権利行使の一本化をはかる規定であるから、一本化を要しない権利については本条を適用する必要がないという前提に立って、株主・社員であれば行使できる総会決議取消訴権および合併無効訴権などについては、共同相続関係を明らかにすれば、権利行使者の指定・通知をしていなくても、準共有持分権者のままで権利行使できるとし、総会決議の無効・不存在確認の訴えについては提訴権者が限定されないので、もっぱら確認の利益の有無で原告適格を判断すべきとしたうえで、共有関係が株主名簿に記載されており、同時同一内容の権利行使をするのであれば、共同相続人は準共有のままで議決権も行使できるとする見解もあります。

（4）　会社法制定後の参考判例

会社法106条但書は共有者間の「協議と意思統一」が図られている場合にのみ、会社側から議決権行使を認めることができるとした東京高判平成24年11月28日が注目されます。事実関係は次の通りです。

Y会社は、発行済株式総数3000株の特例有限会社であるが、代表取締役Zが2000株を所有していた。また、その妻Aも取締役に就任し、残りの1000株を所有していた。その後、Zが死亡し、所有していた2000株は、Zの妹BとXの2名が共同相続し準共有の状態（持分2分の1ずつ）となった（以下、上記2000株を「本件準共有株式」という。）。Y会社は、代表取締役および取締役を選任するため、臨時株主総会（以下、「本件株主総会」という。）を開催することになり、Y会社は、本件株主総会の招集通知をXに送付したものの、Xからは欠席する旨が伝えられた。Bは、具体的に何らXと協議することもなく、親族Cに対し

て、本件株主総会における本件準共有株式すべての議決権行使を委任し、「C を代理人として定め、本件株主総会に出席して、議決権を行使する一切の権限を委任する。」旨の委任状を交付した。その後、本件株主総会が開催され、C は、B の代理人として出席し、本件準共有株式について、親族 D を代表取締役および取締役に選任する旨の決議等に賛成した。

本件共有株式の本件株主総会における議決権行使について、会社法106条所定の権利行使者の指定および通知はなかったものの、Y 会社は、B から委任を受けた C による議決権行使を認めたため、X は、Y 会社が C の議決権行使を認めたことは、決議方法について法令違反の瑕疵があるとして、会社法831条1項1号に基づき本件株主総会の「決議取消」を求めた。原審（横浜地判平成24・6・22判決―公刊物未登載）は、準共有株式に係る権利行使者の指定に関して、会社法106条但書により Y 会社側において議決権の行使を認めたことに違法はないとして X の請求を棄却したところ、X が控訴しました。

《判旨》 原判決取消・自判、上告・上告受理申立 ────────

「会社法106条ただし書きを、会社の同意さえあれば、準共有状態にある株式について、準共有者中の一名による議決権の行使が有効となると解することは、準共有者間において議決権の行使について意見が一致していない場合において、会社が、決議事項に関して自らにとって好都合の意見を有する準共有者に議決権の行使を認める結果となり、会社側に事実上権利行使者の指定の権限を認めるに等しく、相当とはいえない。

そして、準共有状態にある株式の議決権の行使について権利行使者の指定および会社への通知を要件として定めた会社法106条本文が、当該要件からみれば準共有状態にある株式の準共有者間において議決権の行使に関する協議が行われ、意思統一が図られた上で権利行使が行われることを想定していると解し得ることからすれば、同条ただし書きについても、その前提として、準共有状態にある株式の準共有者間において議決権の行使に関する協議が行われ、意思統一が図られている場合にのみ、権利行使者の指定及び通知の手続を欠いていても、会社の同意を要件として、権利行使を認めたものと解することが相当である。

よって、本件において、準共有者間に本件準共有株式の議決権行使について何ら協議が行われておらず、意思統一も図られていないことからすれば、Y 会社の同意があっても、B が代理人によって本件準共有株式について議決権の行使をすることはできず、本件準共有株式による議決権の行使は不適法と解すべきであ

る。」として、本件判決は、決議の方法に法令違反があり取消事由があると認めることができるとしました。

これに対し、本件原審は、共有者全員が共同して議決権を行使しなくとも、Y会社側が一部の共有者の議決権行使を認めていることに違法はないとしていましたが、会社の自由な裁量で一部の共有者に共有株式全体の議決権行使を認めることができるとすると、他の共有者に不利益を生じさせる危険性が高くなります。そこで、本件判決は、原審に対し「準共有者間において議決権の行使について意見が一致していない場合において、会社が、決議事項に関して自らにとって好都合の意見を有する準共有者に議決権の行使を認める結果となり、会社側に事実上権利行使者の指定の権限を認めるに等しく、相当とはいえない…」と指摘しています。本件判旨は、会社法106条が、共有株式の議決権行使について、共有者間の協議および意思統一を前提としていることから、同条但書も共有者間の協議と意思統一が図られている場合にのみ、会社側から議決権行使を認めることができるとしているのです。これは、すでにみた最高裁平成11年12月14日判決に近いようにみえますが、本件判旨からは、共有者間の協議と意思統一さえ図られておれば、「共有者全員が共同して」議決権を行使しなくとも、会社側から議決権行使を認めることができると解される余地もあります。いずれにせよ、会社側から共有者の議決権行使を認めるのは、限定的な場面に限られると解されるでしょう。

ところで、本件のXは株主権の権利行使者ではないのですが、提起権者が株主であるべき総会決議の取消訴訟を提起できるかどうかも問われます。これを肯定したとしても、そもそも準共有株式について、権利行使者の指定・通知を欠いている場合に、共有部分の株式数が定足数に算入されるかどうかも議論となります。議決権を有しない株式の数は総会の定足数に算入されないのです（309条1項）が、相続による株式共有にその例外を認めて、これを算入すると解すれば共有株式が多数を占めると決議が成立しないこととなり、これを算入しないと、とりわけ共有株式の割合が大きい場合に、株式相続人以外の僅かな株主による会社支配が可能となるという問題が生じます。特に中小会社でこの点を重大と考えれば、前者、算入するとの見解が妥当ということになりますが、これを定足数に算入するためには会社法309条1項等との関係で一定の説明を要します。

5　おわりに——円滑な事業承継の実現

（1）　経営承継円滑化法の活用

　相続開始後に生じる紛争を未然に防止するためには、たとえば公正証書遺言を作成するなど事前に準備しておくべきですが、実際には遺言を残さないケースが少なくありません。そこで、中小企業における経営の承継の円滑化に関する法律（2008（平成20）年5月16日法律第33号、以下「経営承継円滑化法」という。）が事業承継の支援策を定めており、本章との関係では、特に民法の「遺留分」に関する特例（以下、「民法特例」という。）が注目されます。とりわけ、相続開始後の株式の承継紛争を避けるため、生前贈与株式を遺留分の対象から除外する制度（同法4条1項1号）が有益です。贈与株式が遺留分減殺請求の対象外とされるため、相続に伴う株式分散を防止できます。しかも、生前贈与株式の評価額をあらかじめ固定することで、後継者の貢献による株価上昇分を遺留分減殺請求の対象外とすることもできます（同法4条1項2号）。これによって、後継者の経営意欲が減退するのを防止できるわけです。ただし、この民法特例を活用するには、その条件として遺留分権利者「全員の合意」が前提とされていることから、現実には合意を得るのが困難という問題があり、さらに、ここで中小企業と認定されるには、規模と業種について一定の制約があるのが難点です（同法2条）。

（2）　相続人に対する株式売渡請求

　株式の分散防止策としては、相続により「譲渡制限株式」を取得した者に対し、当該株式を会社に売り渡すことを請求することができる旨を定款に定めることで（174条）、株式の取得者に対して株式の売渡を請求することができます（176条1項）。これによって、会社支配権を集中させることができますが、この制度を活用するには、株主総会の特別決議をもって定款変更（174条・466条・309条2項11号）を行う必要があります。この場合、定款には、「当会社は、相続その他の一般承継により当会社の株式を取得した者に対し、当該株式を当会社に売り渡すことを請求することができる」などと記載することとなるでしょう。

なお、法定相続人が複数いる場合、遺産分割がなされるまでは相続株式は相続人の準共有状態にあるから、売渡請求の対象はすべての相続人とすべきことになります。しかし、この制度にも難点があるのです。現経営陣である取締役の中に後継者と対立する者が存在する中で、オーナー経営者が死亡して相続が生じたような場合に、後継者に対立する取締役と現経営者以外の株主が結び付けば、売渡請求をするための株主総会で後継者は議決権を行使できないため（175条2項）、相続人たる後継者に対して売渡請求がなされる危険があることに留意すべきです。このようなことから、この制度の導入に当たっては会社役員や株主構成を考慮する必要があります。なお、会社法175条の総会決議が、新株主が会社にとって好ましい者であるかを既存株主が審査するものですから、売渡請求の相手方である株主の議決権排除は正当化されると説明されますが、この論拠では、相続による株式取得者が複数いる場合に、売渡請求の対象となっていない相続人は議決権を行使できるという点を説明するのが困難であるとの指摘もあります。なお、この制度による自己株式取得についても財源規制があり（461条1項5号）、それによる制約や負担も無視できないでしょう。

（3） 株式相続と事業承継

　株式の相続問題は相続法の支配する領域に属しますが、とりわけ中小の非公開同族的な会社については、会社支配権の争奪に関わる問題となります。法定相続人の遺留分割合が小さくないことから生じる問題もありますが、事業承継は農地相続と類似する側面もあることを考慮すれば、事業を承継する相続人について特例措置を設けるなど特段の配慮をすべきであるともいえます。事業承継については単独相続が望ましく、その意味でも相続株式の当然分割という考え方の採用には躊躇せざるをえないわけです。しかし、株式共有の立場をとって相続株式は最終的には遺産分割制度によるとしても、事業（非公開株式）の金銭的評価が容易ではないのです。これが上場株式ですと株式市場での株価という客観的公正な指標がありますが、非上場株式については、非上場会社の規模、業容、資産、収益力その他企業評価の基準となるべき諸要素において千差万別であり、各会社、各株式毎に考慮すべき諸要素も異なるため、株価算定が困難であるとされます。しかも、その株価算定方式にも、収益還元方式、比準方式、さらには純資産方式と3種もあり、この中のどの方式によるべきかにつ

いては、各会社、各株式について、会社の収益状態、配当状態、発行済株式数、持株割合その他の諸要素を勘案して決めなければならず、ある特定の方式のみですべての会社のすべての株式について客観的合理的な株価を算定することは無理であるとされます。したがって、これは家庭の事件を扱う現行制度には馴染まず、その手続の中で事業承継者を決めるのは至難の業です。

なお、株式だけでなく営業用資産についても、細分化を避けて事業を承継する者に支障のないような分割が審判等でも試みられているようで、経営の継続が不可能になるような分割は合理的でないとされており、家族法の専門家からもこの問題は相続法が抱える大きな問題と認識されています。そこで究極の解決策は、株式や経営資産を事業承継者に確実に集中させる内容の公正証書遺言を作成することです。しかしそれにも現実問題として限界があり、現行民法を前提とする限り法定相続人の遺留分の侵害はできないのですが、立法論として事業継承のためであれば民法特例を待つまでもなく、遺留分制度の見直しによって対処することも相続法の課題となります。これまで疎遠で全く経営にも携わったことのない者が、もっぱら経営支配権を奪取する目的で相続人の権利を主張し、永年育んできた事業を崩壊に至らしめるような事態は避けなければならないでしょう。

《参考文献》
山下眞弘「準共有株式につき会社から共有者中1名の議決権行使を認めることの可否——東京高判平成24・11・18判タ1389号256頁」金融・商事判例1447号（2014年）
同「非公開会社の株式相続と会社法106条の法意——円滑な事業承継に向けて」『名古屋学院大学法学部開設記念論文集』名古屋学院大学法学部（2014年）
同「共同相続開始後に投資信託受益権が預り金に転化しても不可分債権とされた事例——最二判平成26・12・12本誌1463号34頁」金融・商事判例1477号（2015年）
同「相続株式と現金・預貯金・国債・投信受益権——会社法106条解釈の前提問題」『会社法・倒産法の現代的展開』（民事法研究会、2015年）
吉本健一「準共有株式の権利行使と会社法106条但書——最高裁平成27年2月19日判決の検討」神戸学院法学45巻4号（2016年）

第9章　事業譲渡・会社分割と労働契約

《本章の要旨》
　本章では、事業譲渡や会社分割に伴って、労働契約関係がどのような取扱いを受けるかにつき、会社法と労働法で対話をします。事業譲渡と会社分割の接近化が進んできたことが、労働契約関係の帰趨を左右するかどうか。会社分割に関わる特別法規制が事業譲渡に影響を及ぼすかどうか。そして、その妥当性についても本章で解説します。なお、最近、会社分割に関する「労働契約承継法」に係る規則および指針が改正され、「事業譲渡又は合併を行うに当たって会社等が留意すべき事項に関する指針」も新設されました。いずれも2016（平成28）年8月に公布され、同年9月1日に施行・適用されましたが、問題が解消したとはいえない状況です。本章では、指針等の新設・改正前の議論を中心に紹介し、指針等の概要にも言及します。

1　何が問題なのか

　Y1社の事業の全部がY2社に移転する場合、Y1社に雇用されている労働者Xらは、当然のごとくY2社に雇用関係を主張できるのでしょうか。Y2社が労働契約を承継しなくても、XらがY2社に雇用の継続を主張できるとした場合、その根拠は何でしょうか。そして、その要件はどのように考えるべきでしょうか。仮に要件を充足したとしても、Xらのそのような主張は常に正当化されるのでしょうか。さらにY1社の一部門だけY2社に移される場合は、全部の移転の場合と労働者への影響が異なります。労働者の継続的雇用への期待は一般の金銭債権や賃金債権とは質的に異なることは十分理解できます。しかし、Y1社とY2社は法的には別会社であり、両者が実質的に一体であるなど例外的な場合はともかく、当然に雇用が承継されるとはいいがたいでしょう。事業譲渡と会社分割との間で労働契約の処遇が異なってよいかについても問題

があります。事業譲渡と会社分割は、経済的実質において果たす機能に違いがないともいえそうで、だとすれば両者の間で労働契約の取扱いを同一にすべきではないかが問われます。その場合、両者のどちらに歩調を合わせるべきかが問題となります。

このような議論は、これまで主として労働法学で盛んになされてきましたが、本来、事業譲渡や会社分割は会社法の規制するところで、これは労働法と会社法の交錯する課題でもあります。私も長年にわたり会社法学の立場から労働法学への問題提起を試みながら、解釈論の限界を示してきましたが、近年、労働法学の立場および実務家の立場のそれぞれから、この問題の解決に係る立法の是非をめぐる議論が盛んになってきました。この課題については、会社法の立場から労働法学会シンポジウムの議論に参加してきましたが（日本労働法学会誌94号81頁）、基本的には従来の見解を維持できると考えています。本章では、最近の議論をもとにさらに検討を深化させ、とりわけ労働契約の「当然承継」を基本とする労働法学説との対話を試みて、濫用的な会社分割等をめぐる最近の判例も参考にしながら、立法的解決の当否にも言及します。

2　事業譲渡と労働契約の承継

（1）　事業譲渡の意義

譲渡に際して株主総会の承認を要する事業は、個別財産の単なる集合体ではなく、一定の事業目的のため「組織化され有機的一体として機能する財産」（これが事業性の要件）であり、社会的活力を有するものであると解されます。その中核をなすものは、財産の価値ある「事実関係」（伝統、得意先関係、仕入先関係、営業上の秘訣、経営の組織、地理的条件など）であり、これによって事業はそれを構成する各個の財産の総和よりも高い価値を有することとなります。この価値を高める上で、「労働者」（会社法では「使用人」）の存在は小さくありません。事業譲渡は、会社の事業の全部または重要な一部を譲渡することであり、その結果、譲渡会社がこれまでの事業活動を維持できなくなるとか、大幅な規模の縮小を招くなど株主の利益にとって重大であるため、ここに株主保護の要請があるわけです。

ところで、事業が移転する場合としては、事業譲渡の他にも事業全部の賃貸・経営委任（467条1項4号）があり、その事業概念も事業譲渡の場合と同義と解されます。事業の賃貸は、事業を一括して他人に賃貸する契約のことで、貸主たる賃貸会社は、賃借人に対し事業につき使用・収益させる義務があり、それゆえ賃借人は、自己の名をもって、自己の計算において事業の使用・収益を行います。その結果、賃貸借期間中、その事業全部は、賃貸会社の支配から離れ、その管理経営権は賃借人に帰属するため、労働契約に変動の生じることが予想されます。後者の事業全部の経営委任は、経営を他人に委任する契約で、損益がいずれに帰属するかによって、2つの類型があります。委任者に帰属する場合は「経営管理契約」といわれ、損益が受任者に帰属する場合が「狭義の経営委任」とされます。ここで問題となるのは、狭義の経営委任です。これは、実質的には事業の賃貸借に近いもので、受任者は、自己の計算および自己の裁量で経営を行います。ただし、受任者は、自己の名ではなく、委任会社の名をもって行う点で、事業の賃貸借と異なるのです。要するに、受任者は委任会社の名によって、委任会社の事業全部の経営一切を自己のために行うことから、労働関係に影響を生じることがありえます。

　事業全部に限らず、事業の重要な一部の譲渡にも全部譲渡の場合と同じ「事業性」を要すると解すべきです。そして、経済的効果の点で共通する会社分割についても、このことは基本的に当てはまるでしょう。単なる財産の処分は、それが重要であっても業務執行機関の守備範囲に属することは明らかです（362条4項1号）。なお、事業譲渡の場合に移転されるべき財産の範囲が問題となりますが、事業に関する一切の財産を移転する必要はなく、特約で一部を除外することができるため、特約による「労働契約」の除外が認められるかという問題が生じます。これに対して、会社分割は部分的包括承継であるとされるため、このような問題が生じないかにみえますが、困難な議論は残されています。

（2）　**事業譲渡と労働契約の承継**

　会社の合併に関しては、消滅会社の権利義務が包括的に存続会社または新設会社に承継されることが明文で認められているため（750条1項・754条1項）、消滅会社の労働契約も同様に「当然承継」されることになります。これに対し

て、そのような規定のない事業譲渡については、譲渡会社に雇用されていた労働者の引継はどうなるかが問題となるわけです。たとえば、①労働契約は原則として当然に承継されるのか、また、②事業譲渡の当事会社間でそれを移転させないとの契約をすることができるか、さらに、③労働契約を移転させる場合に労働者の同意（民625条１項）は必要かどうかが問題となります。

　事業譲渡は合併のような包括承継を生じる組織的な行為ではなく、譲渡当事者間の債権契約にすぎないと解されてきました。このような考え方を前提とすれば、労働契約が当然承継されると解することは困難で、事業譲渡契約の当事者間で労働契約の承継を排除することもできそうです。また、民法625条１項に定める労働者の同意の要否についても、特別の規定がない限り例外を認めることはできず、労働者は譲受会社への移籍を拒みうると解されます。そして、不当労働行為等があれば、労働法の問題として解決されることになります。なお、事業譲渡に類似する会社分割に関しては、「会社分割に伴う労働契約の承継等に関する法律（労働契約承継法）」（平成12年法103号）が労働者に異議申立権（異議申出権）を認めて一定の労働者保護を実現していますが、労働契約承継法自体の妥当性についても議論があります。それが理由で、事業譲渡に承継法を類推適用することに躊躇があるのです。

　しかも、労働契約の承継を事業譲渡の要件としますと、事業譲渡が不可能となる場合が生じます。また、労働契約の承継をいかに強調しても、譲渡会社での整理解雇が有効要件を満たせば事前に解雇されてしまい、絶対的な当然承継説は無力であるというほかありません。事業譲渡によって企業合理化を図ろうとする「企業の利益」と「労働者の利益」との調和点を追究すべきです。現実問題としては、事業譲渡契約書の記載内容にかかわらず、労働者の意向を十分に把握しておかないと円滑な事業譲渡は困難です。なお、企業再編に労働者の意見を反映させるシステムとして、労働者が役員の立場から会社経営に参加するドイツ共同決定制度がありますが、これには多くの問題があってその導入は実現していないのです。たとえば、労働者代表が会社の役員として参加することになれば、守秘義務等も生じ機関としての責任が問われるため労働者保護に逆行することも危惧されます。また、労働組合法２条との関係も問題となり、さらに、会社法335条２項が会社の使用人は監査役になれないと定めているこ

とから、現行法との関係も障害となります。

（3） 事業譲渡と労働契約承継に関する原則論
① 原則当然承継説

事業譲渡に伴い労働契約は原則として譲受人に当然承継されるが、営業の同一性を害しない範囲で、例外的に一定の労働関係を移転しないものと定めうるとする見解があります。その基本的な考え方は、事業譲渡も合併も実質的に「営業主体の変更」にすぎず、いずれについても労働契約は原則として営業と一体をなすものとして承継されるという点にあります。ただし、事業譲渡と合併が共に実質的に営業主体の変更にすぎない点で共通するとはいえ、事業譲渡の場合は合併のごとく絶対的な包括承継とすることはできず、この見解も労働契約承継の除外を条件つきで認めています。

これと同様の立場から別の説明もみられます。労働者の同意が不要で当然承継が原則である理由として、①事業譲渡は企業の同一性の持続（企業の人的・物的組織の一体性の承継）であり、②労働契約の存続は、従来と同質の労働力の補充が一朝一夕に行われがたい状態の下では、事業譲渡の基本的一内容である経営への導入（経営の維持継続）のために不可欠であり、さらに、③労働関係の承継である以上は一体として行われなければならない。そして、商業使用人から一般の労務者まで区別することなく一括に扱い、事業と労働契約の結合関係を不可欠のものとしながらも、労働契約排除の可能性を明確に否定するものでもない。以上の見解はともに、労働契約の承継にあたり労働者の同意は不要であるが、労働者に解約権が認められるとしています。

② 当然承継ではないとする説

これは、事業譲渡にあたり譲渡当事者間の合意によって労働者の引継ぎを具体的に協定することとし、引継ぎにあたっては各労働者の同意を要するとします。その論理的根拠として、①事業譲渡は全部の譲渡を要するものではない、②労働契約は事業譲渡の本質的内容ではない、③事業と労働者全体を不可分のものとすると事業譲渡が不可能となる、そして、④労働契約上の権利義務関係のみ一体として移転すると解すべき根拠がないことをあげています。

③ 労働者の代替性の有無で区別する説

これは、原則として当然承継とした上で、民法625条1項の適用を認め、譲

渡会社での労働契約に反する場合は労働契約の承継を除外することはできないが、そのような契約がなければ、合理的な理由のあることを条件に「代替性のある労働者」の除外はできるが、代替性のない労働者は当然に移転するとします。この見解は、合理的理由および労働者の代替性の有無という基準によって判断する立場です。事業の同一性を問題とする立場と合わせて、このような考え方は、基本的には会社法学における事業譲渡の法的性質に沿うものといえますが、これによれば、特に保護を要する代替性のある弱い立場の者が承継から排除されるところに問題があります。

④ 労働法学における見解

労働法学においても、現在、労働者の承継を排除できないという意味での当然承継説はみられないようです。当然承継を貫けば、事業譲渡が不可能となる場合があるからです。ただし、当然承継を原則とするという方向で労働法学と会社法学が期せずして一致したとしても、その基本的な思想（狙い）は同じではありません。会社法学では事業譲渡の概念から出発して当然承継を導いているのであって、労働者保護の理念がその中心的な基礎となっているわけではないのです。

（４） 原則論への批判と解決の方向

労働契約の移転をめぐって展開された原則論は、問題解決には実質的な意味をもつとはいいがたいのです。当然承継と主張しても、事前の整理解雇が有効要件を満たす限り、この原則は無力といわざるをえず、また、事業譲受人に対して常に労働契約の承継を強制すると、事業承継者が現れないことにもなりかねません。したがって、相対的解釈をもとにして、具体的に現れた解雇の効力につき判断するとともに、事業譲渡の当事者および労働者の意思解釈をも加味して、総合的に検討する方向に向かうべきです。

解決の方向としては、次のように考えてはどうでしょう。事業の全部譲渡と一部譲渡とを分け、全部譲渡の場合は、実質的に合併と同様に解して、労働者は一体として移転するものとし、移転に異議のある労働者の意思を尊重する。事業全部の譲渡の結果、譲渡会社は消滅するか、あるいは存続していても大幅な変更を余儀なくされるから、労働者は事業の移転先へ移るのが従来の労務内容を維持する上で有利ではないか。これに対して、事業の一部譲渡について

は、従来と同様の業務内容を有する部門が残存している場合は、残っている部門への配置転換を可能な限り実施することで労働者保護を図る。一部譲渡の場合は移転先へ移ることが常に労働者の保護になるとは限らない。いずれにせよ労働契約を移転するにあたっては、一体として移転するのを基本とすべきであるというものです。労働契約は、単なる債権関係と同一視できないからです。このとき、労働契約を承継する場合に労働者の同意を要するかという点については、労働契約の移転に関する原則論とは別に考察すべきで、民法625条1項の例外は、特別の規定や合理的要請がある場合に限定して認められるべきです。事業譲渡に伴い労働契約が承継された結果、労働者が不利な立場に追いやられることも考えられるので、労働者の同意を要件とすることで保護が図られるということも期待できます。このことは、会社分割についても基本的に当てはまりそうです。

3　会社分割と労働契約の承継

（1）　会社法における会社分割の対象

　会社法は、「事業に関して有する権利義務の全部または一部」と規定しています（2条29号・30号）。会社分割の対象となる「権利義務」の意義については、会社法の規定ぶりから「単なる権利義務」の承継で足りるとの見解があり、事業性（有機的一体性や事業的活動の承継）は要件でないとされます。しかし、事業性を不要とする姿勢が極端に徹底されると、たとえ機械1台の譲渡でも会社分割になり、このような解釈は行き過ぎです。基本的には会社法制定前の旧商法と同じく、会社法467条の事業譲渡の規制対象となる「事業性」を有する財産と解すべきです。会社分割と事業譲渡の経済的効果には類似点があり、両者とも原則的に株主総会の特別決議を要し、反対株主には株式買取請求権が認められる点でも共通していることに目を向けるべきです。

　なお、強いて事業譲渡と会社分割の相違点を挙げるとすれば、次のとおりです。①事業譲渡の対象は事業性を要するが、会社分割の対象は「用語」の上では事業ではない、②事業譲渡の相手方は会社に限定されないが、会社分割の承継人は会社に限られる、③事業譲渡の無効の主張方法については制約がない

が、会社分割の無効はその無効の訴えによる必要がある。そして、④事業譲渡では、譲渡会社の債務を譲受人が引き受けるには債権者の同意を要するが、会社分割では、債権者異議手続が存在するため個別の同意は不要である。さらに、⑤「会社分割に伴う労働契約の承継等に関する法律」の適用の有無にも違いがある。以上の通り、両者に相違点がありますが、経済的機能は共通していることに留意すべきです。

（2） 日本IBM事件最高裁判決

　事業譲渡や会社分割に伴って、労働契約が承継されることが労働者の保護になると考えられがちですが、承継されることが必ずしも労働者の保護とはならない場合もあるのです。日本IBM事件（最判平成22・7・12民集64巻5号1333頁、判時2096号145頁、判タ1335号72頁、労判1010号5頁）がそれです。本件は、「一部の労働者が承継の効果を否定するため、もとの分割会社に対し労働契約上の権利を有することの確認を求めた」最初の事案です。本件については、第一審から上告審まで「会社分割」の事案と位置づけられていますが、「事業譲渡」の事案に分類できる事例ともみえます。事業譲渡であれば労働者の意思が尊重されますが、会社分割と位置づければ「労働契約承継法」によって当事会社に都合のよい解決を導くことが可能となり、労働者が犠牲となる危険性が少なくないのです。本件は、会社と労働者の利害が正面から対立する事案であり、会社分割制度の濫用が危惧され、労働契約承継法のあり方も改めて問われます。

《事案の概要》

　　Y社は、コンピューター製造・販売等を目的とする株式会社で、米国法人A社の完全子会社です。Xらは、Y社に雇用され、ハードディスク（以下、「HDD」という）事業部門に従事し、訴外労働組合支部（以下、「本件組合支部」という）の組合員でもあります。

　　平成14年、A社はB社との間で、HDD事業に特化した合弁会社を設立すること、3年後には当該合弁会社をB社の100％子会社とすることなどを合意し、同年合弁会社が設立されました。同日、Y社は、HDD事業部門を新設分割により新設する計画のC社に承継させるため分割計画書等を作成し、それには「承継する権利義務」として承継営業に「主として従事している労働者」の従業員リストが添付され、Xらもこのリストに含まれていました。同年、Y社は、新設分割によりHDD事業部門を会社分割して、C社を設立し（以下、「本件会社分割」とい

う)、C社の発行株式は全てY社に割当交付されましたが、6日後に、Y社は所有するC社株式の全てを上記の合弁会社に譲渡し、翌年、B社のHDD事業部門は吸収分割によりC社に承継されました。

　以上の事実経過のもと、以下の2点が認定されています。第1に、労働契約承継法7条によれば、従業員移籍に際し労働者の「理解と協力」を得るための措置(以下、「7条措置」という)が必要となるが、Y社には労働者の過半数で組織する労働組合がなかったため、事業所ごとの従業員代表を選出して7条措置を行うこととし、Y社は、従業員代表を4グループに分けて、4日間にわたってグループごとに代表者協議を実施しました。そこで、Y社は、C社の中核となる事業所の概要、HDD事業を行う新会社の目的と背景、B社および同社HDD事業部の概要、新会社の概要、主として従事するか否かの判別基準、新会社での処遇、問題解決の方法、今後の日程等について説明し質疑応答を行いました。第2に、平成12年法律第90号商法等の一部を改正する法律附則5条1項(以下、「本件改正法附則5条」という)によって、労働契約の承継に関する労働者との協議(以下、「5条協議」という)を要するため、Y社は、HDD事業部門のライン専門職に対して、C社の就業規則等案および代表者協議で使用した従業員代表用の説明資料を送付し、約1ヶ月の期間を設定して、上記各資料に基づいて各ライン従業員に説明し移籍の意向を確認し、納得しない従業員に対しては最低3回の協議を行い、従業員の状況を報告するよう指示しました。そこで、ライン専門職は、各担当の従業員を集めて説明会を開き、従業員代表に配布した説明資料を示し、移籍の意向と会社分割について意見を聞いた結果、多数の従業員が移籍に同意しました。その一方で、5条協議が行われる以前に、本件組合支部がY社に対して、Xらを含むHDD事業部門に所属する組合員については、本件組合および本件組合支部が5条協議の代理人として委任されたと伝えてきたので、Y社は、本件組合支部との間で合計7回の協議を行い、その中で、本件組合支部が、分割後の労働条件保障、B社との交渉内容、分割後の新会社の概要、C社においてどのように利益を上げるのかなどについて問い質すとともに、C社で労働条件を引き下げる場合は組合と協議し同意のうえでしてほしいとか、組合員について移籍ではなく在籍出向にしてほしいなどと要望したのに対し、Y社は厳しい回答を行ったというものです。

　そこでXらは、①会社分割による労働契約の承継に拒否権を行使したこと、②Y社の行った会社分割は手続に瑕疵があり違法であること、③本件会社分割は権利濫用・脱法行為に当たり労働契約のC社への承継を定める部分は無効であることなどを主張して、Y社に対し、労働契約上の権利を有する地位にあること(定

年退職者を除く）の確認、不法行為に基づく慰謝料等の請求をしました。第一審（横浜地判平成19・5・29判タ1272号224頁、金判1273号24頁、労判942号5頁）はXらの請求をすべて棄却し、控訴審（東京高判平成20・6・26判時2026号150頁、労判963号16頁）も控訴を棄却したため、Xらが上告しました。

《判決要旨》

①5条協議は、「労働契約の承継のいかんが労働者の地位に重大な変更をもたらし得るものであることから、分割会社が分割計画書を作成して個々の労働者の労働契約の承継について決定するに先立ち、承継される営業に従事する個々の労働者との間で協議を行わせ、当該労働者の希望等をも踏まえつつ分割会社に承継の判断をさせることによって、労働者の保護を図ろうとする趣旨にでたものと解される。」「承継法3条所定の場合には労働者はその労働契約の承継に係る分割会社の決定に対して異議を申し出ることができない立場にあるが、上記のような5条協議の趣旨からすると、承継法3条は適正に5条協議が行われ当該労働者の保護が図られていることを当然の前提としているものと解される。この点に照らすと、上記立場にある特定の労働者との関係において5条協議が全く行われなかったときには、当該労働者は承継法3条の定める労働契約承継の効力を争うことができるものと解するのが相当である。また、5条協議が行われた場合であっても、その際の分割会社からの説明や協議の内容は著しく不十分であるため、法が5条協議を求めた趣旨に反することが明らかな場合には、分割会社に5条協議義務の違反があったと評価してよく、当該労働者は承継法三条の定める労働契約承継の効力を争うことができる」。

②7条措置は、「分割会社に対して努力義務を課したものと解され、これに違反したこと自体は労働契約承継の効力を左右する事由になるものではない。7条措置において十分な情報提供等がなされなかったがために5条協議がその実質を欠くことになったといった特段の事情がある場合に、5条義務違反の有無を判断する一事情として7条措置いかんが問題になるにとどまる」。

③「7条措置や5条協議において分割会社が説明等をすべき内容等については、…指針は、7条措置において労働者の理解と協力を得るべき事項として、会社の分割の背景および理由並びに労働者が承継される営業に主として従事するか否かの判断基準等を挙げ、また5条協議においては、承継される営業に従事する労働者に対して、当該分割後に当該労働者が勤務する会社の概要や当該労働者が上記営業に主として従事する労働者に該当するか否かを説明し、その希望を聴取した上で、当該労働者に係る労働契約の承継の有無や就業形態等につき協議をすべき

ものと定めているが、その定めるところは、以上説示したところに照らして基本的に合理性を有するものであり、個別の事案において行われた7条措置や5条協議が法の定める趣旨を満たすか否かを判断するに当たっては、それが指針に沿って行われたものであるか否かも十分に考慮されるべきである。」

④「Y社は、7条措置として、本件会社分割の目的と背景及び承継される労働契約の判断基準等について従業員代表者に説明等を行い、情報共有のためのデータベース等をイントラネット上に設置したほか、C社の中核となることが予定されるF事業所の従業員代表者と別途協議を行い、その要望書に対して書面での回答もしたというのである。これは、7条措置の対象事項を前記のとおり挙げた指針の趣旨にもかなうものというべきであ」る。5条協議については、「Y社は、従業員代表者への上記説明に用いた資料等を使って、ライン専門職に各ライン従業員への説明や承継に納得しない従業員に対しての最低3回の協議を行わせ、多くの従業員が承継に同意する意向を示したものであり、また、Y社は、Xらに対する関係では、これを代理する支部との間で7回にわたり協議をもつとともに書面のやり取りも行うなどし、C社の概要やXらの労働契約が承継されるとの判別結果を伝え、在籍出向等の要求には応じられないと回答した」。その際に、「分割後に勤務するC社の概要やXらが承継対象営業に主として従事する者に該当することが説明されているが、これは5条協議における説明事項を前記のとおりに定めた指針の趣旨にかなうものというべきであり」、「Y社の5条協議が不十分であるとはいえず、XらのC社への労働契約承継の効力が生じないということはできない。また、5条協議等の不十分を理由とする不法行為が成立するともいえない。」

(3) 判決の評価

上記事案の第一審および控訴審はともに労働契約の承継を否定するために、「会社分割無効の訴え」によらず労働契約承継の無効を主張して地位確認請求ができるとしたうえで、第一審は、7条措置・5条協議のいずれの違反も会社分割の無効原因となりうるとしたうえ、無効原因と認められる範囲につき、分割会社が措置や協議を全く行わなかった場合または実質的にこれと同視しうる場合に限定しました。控訴審判決では、7条措置は基本的に会社分割の効力に影響を及ぼさないものと位置づけ、5条協議違反については、会社分割の無効原因とする点では第一審と共通するが、一部労働者との間で義務違反が生じたに過ぎない場合は無効原因としない。しかし第一審は、5条協議の不履行の効果を会社分割の無効に直結させ、会社分割の無効事由が認められない限り労働

契約の承継自体の無効を争う方法はないとしました。最高裁も、その結論では下級審と一致していますが、後にみるように理論上注目すべき点が含まれています。

会社分割無効の訴え（828条1項9号・10号）では、「無効原因」についての定めはなく、「提訴権者」も限定されており（同条2項9号・10号）、提訴権者の中に労働者は含まれていません。仮に労働者保護規定の違反が認定され、それが分割無効原因とされても、会社法上は労働者に会社分割無効の提訴資格はありません。その資格がなくても、本判決のように解決できるのであれば、強いて労働者に会社分割無効の訴え提起資格を認める必要はないわけです。5条協議違反に遭遇した労働者について、労働契約の承継が否定されるのであれば労働者保護の実現が可能となります。明文の根拠もなく会社分割無効の訴え提起権者を拡大するのは、解釈の限界を超える疑いもあります。なお、立法論として、提訴権者を労働者まで拡張すべきとの主張もありますが、そこまで拡張する必要性があるかどうかは慎重な検討を要します。

本件で労働者が会社分割による労働契約承継の効力を争う場合に、会社分割無効の訴え（828条1項9号・10号）以外の方法で個別に承継の効力を争うことができるか、これができるとして承継の効力が否定されうるのはどのような場合かが問われます。具体的な未払賃金債権などを有している労働者は、それに関する限り債権者異議手続（799条・810条）で異議を述べることが認められ、異議を述べた者は会社分割無効の訴えの原告適格があることになります（828条2項9号・10号）。この手続は具体的な金銭債権回収について債権者が有する期待を保護する制度です。したがって、継続的な労働契約の当事者としての地位は、この手続によって保護される対象とはされないのです。このように、会社分割無効の訴えによって継続的契約関係にある労働者の救済を図ることには困難があり、しかも実質的に労働者保護に繋がるかは疑わしいでしょう。そこで、分割無効原因が認められなくとも、一部労働者との間で手続的瑕疵がある場合には、分割会社との間で個別に承継の効力を争うことを認める「相対効説」ともいうべき見解があります。これに対しては、分割無効原因にのみ依拠する見解として、労働者が労働契約承継の効力を争うには会社分割無効の主張を経由することを求める「絶対効説」ともいうべき考え方もあるのです。

これを本件についてみますと、第一審から上告審まですべて会社分割無効の訴え以外の方法で労働契約承継の無効を主張できるとされてきましたが、無効となる場合についてはそれぞれ判断が異なっています。第一審では、承継が無効となるのは分割無効原因が存在する場合に限定し、5条協議の不履行または実質的にこれと同視しうる場合に限るとしました。控訴審では、分割無効原因と承継の効力を切断し、第一審の場合に加えて、労働者が分割により通常生じる不利益を超える著しい不利益を被ることとなる場合にも承継の効力を争いうるとしました。本判決は、最高裁としてはじめて「相対効説」を採用した上で、不利益性という実体的要件を付けた控訴審と異なって、5条協議の趣旨のみに照らして承継の効力を判断しました。つまり、この趣旨は、承継される事業に従事する個々の労働者の希望等をも分割に反映させる可能性を確保することを通じて労働者の保護を図るものであると解して、承継法3条の効果は5条協議が適切に行われることを前提とし、特定の労働者との関係で5条協議が全く行われなかったとか、分割会社からの説明や協議の内容が著しく不十分なため、5条協議の趣旨に反することが明らかな場合は承継の効力が否定されるとしました。控訴審が著しい不利益という限定を設けたことに批判がありましたが、最高裁はこの不利益性という要件を設けず、特定の労働者と明示して「相対的無効」の立場をとったことは評価できます。

　日本IBM事件判決は、会社分割事案において現行法では分割無効の訴えの提訴権が認められていない者の救済を図ろうとする点で、「詐害行為取消」事件と共通しています。労働者保護を図るためには、さしあたり会社分割の相対的無効が承認されれば足りると考えられますが、立法論として、分割無効の訴えの原告適格まで認める必要があるかどうかが議論となります。絶対的無効の硬直性を除去する相対的無効の考え方は、会社分割自体の効力と分割に伴う労働契約承継の効力とを切り離して、会社分割だけは有効としておいて、特定の労働者のみが労働契約承継の無効を会社に主張できるというものです。労働者は自己の労働契約関係の帰趨だけに関心があり、会社分割自体の効力を争うことに関心がないはずです。そうであれば、会社分割の効力を左右せずに、会社と第三者の取引関係に影響を及ぼすことなく、自己防衛を実現できる相対的無効による解決が妥当であるといえそうです。この判断に問題がなければ、強い

て労働者に分割無効の訴えの原告適格を認める立法の必要性はなさそうです。

本判決は5条協議義務違反がないとしましたが、この結論については議論がありえます。とりわけ労働法学者からの批判が目立ちます。分割会社は労働者と誠実に5条協議を行う義務があるとか、本件はグループ会社間の移転事案であるのに、単独新設分割に関する形式的な説明や回答に留まっていて、誠実さに欠けるなどと批判されます。確かに、形式的に説明を重ねるだけでは十分とはいえず内容が問題です。会社分割を媒介にすることで、労働者保護の法理が実質上潜脱されることのないよう慎重に考慮すべきでしょう。労働法学の立場に限らず、この問題を議論する上で判決に対する疑問や批判をいかに評価すべきかは避けて通れません。5条協議などが法の趣旨に則り行われたについては、本件は相当に微妙な事案ですが、判決の認定の当否は別として、指針も含めた現行法制度を前提とすれば、この判決にもやむをえない面があるといわざるをえません。不採算部門を放置すれば最終的には倒産解雇の運命を辿ることも考慮すれば、労働者の大方の賛成を得られなくても、部門を整理統合するため会社分割を活用せざるをえない場合もないとはいえないでしょう。

なお、事業譲渡の場合のように労働者の同意を求めない会社分割においては、分割計画書や分割契約書での記載が決定的であるため、分割会社の労働者を保護するために特則がおかれています。まず、「商法等の一部を改正する法律附則（平成12年法律第90号）」5条1項により、承継される事業に従事している労働者との事前協議（5条協議）が必要とされますが、その違反の効果や違反の有無の判断基準について明文を欠いているため、本件のような紛争事案が現れました。しかも、5条協議の成立は要件とされないため、どの程度の協議がなされれば足りるかについても不明です。そして5条協議と併せて、「会社分割に伴う労働契約の承継等に関する法律（「労働契約承継法」「承継法」と略称）」7条に定める労働者の理解と協力を得るよう努めること（7条措置）も求められますが、両者の関係を明らかにする規定はなく、本件でもその関係が問題となります。さらに、具体的な指針（平成12年労働省告示第127号、改正平成18・4・28厚労告343号）も出されていますが、これによっても不明なため議論が解消されず、結局のところ協議や説明が何度も繰り返されれば上記の要件が充足されたという判断がされやすくなるでしょう。このような傾向は、団交応

諾義務についても同様に見受けられます。

4　解決の方向

（1）　会社法における労働者の位置づけ

　いうまでもなく、事業譲渡や会社分割は会社法上の制度です。これを舞台とする労働問題の解決には、労働法学上の議論だけでは不十分で会社法学との協働が不可欠ですが、会社法には「使用人」概念はみられるものの、労働法が対象とする「労働者」は会社法に規定されていないのです。賃金債権を有する債権者として登場するだけです。それは、会社法の使用人規制（11条・13条・14条・15条）の主目的が取引安全にあり、代理権を有する使用人の「代理権」を規制対象としており、雇用関係は対象外とされているからです。したがって、労働者が詐害的会社分割において残存債権者として保護されるのも、債権者として保護されるのであり雇用が対象とはならず、ここに限界があります。会社法の目的は会社関係者の利益調整にありますが、それは株主利益の最大化を目指すものと理解されていることに起因します。会社法は労働者を視野に入れていないのですが、労働者の利益も含む企業概念をもとに、株主全体の利益と公共的側面に目を向けた見解も会社法学には存在します。現に、かつて企業の社会的責任論も盛んになされました。

　このような会社法の学界状況に対しては、労働法学から以下のように批判されています（末尾の参考文献中、毛塚28頁〔根元論文〕参照）。会社にとって労働者は不可欠の存在であり、重要な利害関係人（ステークホルダー）である労働者の登場を会社法学が歓迎しないのは疑問とされ、会社法が「会社の法人性に関する基本法」であるのなら、多様なステークホルダーを視野に入れるべきで、労働者を単に債権者として登場させるのは不十分であり、企業の意思決定システム等に組み込む必要があるとの主張です。この主張に対して、会社法学から、現代においては従業員の利益保護は労働法の守備範囲であるとの反論ができます。つまり、会社法は会社の利害関係者の保護を図るものであるが、労働者の保護は労働法に委ねたとするのです。これに対し、同じ論者からの再反論として、会社法と労働法の任務を明確に分ける二分的発想では解決できない問題が

あるとし、その例として、事業の捉え方を挙げ、労働が事業の重要な構成要素となっていることからみても、直接労働法に影響を与える点を指摘されます。この論者は、ここでも会社法は会社の法人性に関する基本法であることを強調し、会社法は事業組織のあり方に関する基本法で、会社法が事業概念を基礎にさまざまな規整を加え、他の法律のあり方を大きく左右していることから、会社法と労働法の任務は明確に二分できず、両法分野が協働して交錯領域の規律内容を検討すべきであると主張しています。

（2） 会社分割における労働者保護

会社の合併の場合に労働契約の包括承継が認められる根拠について、合併においては承継を拒否しても残るための法人がなく、法人全体が承継されるため労働者間に不平等問題も生じないので、民法625条1項の適用を排除する強行的な承継効果が会社法に定められました。このように解した上で、会社分割と労働者の異議申立権について、民法625条1項が憲法22条1項や13条に基礎を置くものと理解し、当該事業に主として従事している労働者に異議申立権を認めない労働契約承継法3条ないし4条は憲法に抵触するとの主張があります（末尾の参考文献中、毛塚42頁〔根元論文〕参照）。この論者はさらに、労働者保護のため認められている法人格否認の法理と並んで、詐害行為取消権を適用することについて、労働契約承継法で異議申立権を認められていない労働者に適用の余地があるとも主張します。しかし、異議申立権のない労働者に新たな救済措置を講じるとしても、詐害行為取消権の適用に当たっては検討すべき課題が多く残されているのです。すなわち、新たな権利を付与することに正当性があるか、将来の賃金債権や労働契約の継続に利益を有する労働者を債権者と位置づけることができるかという問題ですが、いずれについても、この論者は肯定する方向を示しています。

ところで、事業譲渡と異なって、会社分割については労働契約承継法による一定の解決が用意されていますが、これは真に労働者保護に資するのか疑わしいのです。分割される部門に専属する労働者が承継会社等へ移されるという扱いは、失業を避ける意味では一定の意義を有しますが、すでに日本IBM事件でみたように、承継先に移ることを望まない労働者にとっては不利な結果となります。会社分割の場合にも、事業譲渡と同じく労働者の意思を重視すべきで

はないでしょうか。確かに、労働契約承継法にも一定の事前協議や措置が用意されていますが、それで十分であるかが問われているのです。この場面でも、事業譲渡と会社分割を統一的に扱うことが検討されるべきではないでしょうか。

（3） 労働契約承継法の類推適用

この問題に関しては、2016（平成28）年 9 月 1 日に新設・改正指針等が施行・適用されましたが、事業譲渡と労働契約承継については、従来から諸学説による解釈論が展開されてきました。立法的な対応がひとまず実現しても、この問題は解消したとはいえない状況です。以下、これまでの議論を紹介します。

近時、会社分割と事業譲渡の本質的類似性に着目して、「労働契約承継法」を事業譲渡に類推適用するという見解が現れました（末尾の参考文献中、毛塚96頁〔有田論文〕参照）。すなわち、労働契約承継法は、企業再編に際して、労働契約承継の場面での労働者保護を目的としており、この点に類推適用するための第 1 の法的基礎を求めると説明されます。そして、第 2 の法的基礎として、会社分割と事業譲渡の本質的類似性を指摘します。そして、労働契約承継法を類推適用する場合に関し、承継事業に主として従事する労働者に異議申立権が認められていないが、このような労働者について、その同意を前提とせず労働契約の承継を肯定した上で、 2 つの対応が提示されます。すなわち、①承継対象の事業性が明確でないときは当該承継には事業性がないものと推定することで、主たる従事者でない者の承継対象のルール（労働契約承継法 5 条）を適用すること、そして、②平成12年商法附則 5 条の協議義務の実質的違反が、労働契約承継法 3 条の労働契約承継の効力について労働者が争うことができる効果を有すると解されていることから、 5 条協議によるチェックを働かせるというものです。

この新説に対しては、類推適用のもととなる労働契約承継法それ自体が、前述のように多くの問題を抱えているという事実をどのように克服するかが課題として指摘できます。この論者もこれを自覚した上で、立法の解決までの過渡的なものと認めています。しかし、事業譲渡について、立法的解決が妥当であるかが問われてきましたし、どのような立法的解決が望ましいかも問われてい

ます。立法的措置は、かなり慎重に考えざるをえないようです。これを強調するのが、次の反論です。

（4）　事業譲渡に係る「原則非承継説」からの反論

　事業譲渡の場合に、労働者には「承継される不利益」があるかどうかについて、事業譲渡は会社倒産時に活用されるのが実情であることに着目すべきであるとの指摘がみられます（末尾の参考文献中、金久保参照）。すなわち、倒産時の事業譲渡については、破産手続に関して破産法に労働者保護に関する諸規定があり（破産36条・78条2項3号）、民事再生法や会社更生法にも保護手続規定がある（民再42条1項2項3項、会更46条2項・3項3号）。事業譲渡には譲受会社について責任限定機能があり、これが企業再建に有益な機能を果たし、移転対象を選別し債務の承継をしないという選択の可能性もある。それゆえ承継会社は「労働契約の承継」も強制されないし、労働契約の移転には労働者の同意が必要と理解されることとなる。よって、労働者には「承継される不利益」はないと結論するわけです。次に、全員解雇、一部採用型において、「承継されない不利益」はあるかについて、事業の一部譲渡の場合は、譲渡会社に残存する余地があるが、全部譲渡の場合は失業を意味するため深刻であるため、事業の同一性があるような場合は、黙示の合意の推認、法人格否認の法理等で解決すべきこととなるとされます。

　この論者は、事業譲渡について、会社分割のような立法的措置をすることの当否については、次のように批判します。①当然承継を義務付けることは、譲渡会社と無関係である譲受会社の採用の自由を制限し企業再編を制約することになる。承継を義務付ける方向で立法することにより倒産の増加することが懸念される。労働者引継ぎを強制すると事業譲受がなされない可能性があり、その結果として事業破綻と全員解雇が待ち受けている。②事業譲渡においては、労働者を保護すべき場面は例外である。健全な企業は労働契約を承継するのが通例で、問題のある事例には不当労働行為で対処が可能である。③要件や適用範囲を明確に立法化することは困難である。要件論等の解釈で紛争が増大するリスクも危惧される。そして、④このような立法は、採用の自由に対する重大な制限となることも危惧される。以上のことから、結論として法的措置は妥当でなく不要と主張されます。そして、立法的措置のほかの手段で労働者の保護

を実現すべきであるとして、労使協議の場を設定する手続的アプローチや解雇の場合の金銭補償の立法化などを提言されます。このような主張は、基本的に支持できますが、会社分割との関係で労働契約承継法をどのように評価されるのかは不明です。

5　おわりに

（1）　今後の課題

　事業の拡張や倒産の防止など多様な目的で企業を再構築する手段として、合併、会社分割、事業譲渡など会社法上の諸制度が利用されています。合併は完全な包括承継であり、法人格が一体化するため、他の制度とは異なって労働契約も含め全財産が一体になります。そこでは、部分的包括承継とされる会社分割や取引法上の事業譲渡とも異なる法的効力が認められ、労働契約承継の効力が問われることは少ないのです。そのため本章では、議論のある事業譲渡と会社分割に焦点を絞ったわけです。

　事業譲渡と会社分割は、いずれも経済的機能面で共通します。事業譲渡は取引行為とされるのに対し、会社分割は合併の逆現象と位置づけられ組織法上の行為とされてきましたが、会社分割に関する法改正の結果、事業譲渡との共通点が強くなり会社法上両者を区別する意義を失いつつあります。そこに着目すれば、労働契約の承継についても「統一的に処理」するのが理に適うとはいえ、会社分割に係る「労働契約承継法」を事業譲渡に類推する解決にも問題があります。会社分割について日本IBM事件で明らかとなったように、労働契約承継法の適用によって労働者保護に反する結果を招くことが危惧されます。事業譲渡に労働契約承継法を類推適用すれば、同様のことが危惧されるだけでなく、実務界で事業譲渡の制度そのものが利用できなくなる場合も予想されます。余剰労働者の承継が必然ということでは、企業合理化を目指して事業を譲渡しようとしても、譲り受ける企業が現れないという事態が予想され、その結果、事業廃止となれば労働者保護を目指す意図とは逆の結末となります。企業あっての労働者保護なので、労働契約承継法のあり方については再検討が迫られます。

（2） 労働契約承継法に係る規則・指針の改正

　会社分割に関する労働契約承継法に係る規則および指針が改正され、事業譲渡および合併に伴う労働関係上の取り扱いに係る指針も新設されました（近藤圭介・鈴木弘記「9月1日施行！組織変動に伴う労働関係法制の実務対応」ビジネス法務2016年10月号85頁）。2016（平成28）年4月に、「組織の変動に伴う労働関係に関する対応方策検討会報告書」（労働判例1133号（2016年6月15日）94頁参照）が公表され、事業譲渡等に関しても労働契約承継に係る指針が新設されました。同年8月には改正された施行規則・指針（会社分割）および新たに制定された事業譲渡等に係る指針が公布されました。特に新しくできた事業譲渡等に係る指針が注目されます（新指針の内容は、原田耕太「会社分割に伴う労働契約の承継等に関する法律施行規則の一部改正等について」NBL1083号4頁参照）。民法625条1項によって、労働者の個別合意が必要とされる事業譲渡については、労働者の意に反して労働契約の承継が強制されることはない建前となっていますが、現実は弱い立場にある労働者が不本意な同意をせざるをえない場合もあるでしょう。そこで、労働者保護の見地から新たな指針が設けられました。すなわち、事業の譲渡会社は会社分割の場合と同様の手続（7条措置、5条協議）を行うのが適当とされたのです（詳しくは、塩津立人・小野上陽子・覺道佳優「労働契約承継法施行規則・指針および事業譲渡等指針の改正等と実務上の留意点」商事法務2112号44頁参照）。

（3） 改正後の実務対応

　①会社分割については、5条協議を要する対象が従来の者に加え承継される「不従事労働者」にまで拡大され、同協議で説明すべき事項も「債務の履行の見込み」が追加されました。そして、5条協議義務違反は会社分割の無効原因とされていたのが、個別に効果を争う可能性を認めました。また、転籍同意方式による場合であっても承継法の手続は必要とされ、この場合は労働条件が維持されることを説明すべきものとされました。

　②事業譲渡についても、新たに事業譲渡指針が制定されたため、譲渡会社は会社分割の場合と同様の手続（7条措置および5条協議）をとることが「適当」とされましたが、事前協議違反の効果については明確にされず、その違反だけでは承継の効果が否定されるわけでもなさそうです。ただし、指針制定の趣旨

に照らせば、将来起こり得る争いに備えて実務上は手続を履践するのが適正でしょう。なお、会社分割に係る改正指針は、事業譲渡および合併に係る指針（新設）と合わせて、2016（平成28）年9月1日より施行・適用されています（労働法令通信2429号20頁）。

《参考文献》
金久保茂『企業買収と労働者保護法理』（信山社出版、2012年）
毛塚勝利編『事業再構築における労働法の役割』（中央経済社、2013年）
德住堅治『労働法実務解説9　企業組織再編と労働契約』（旬報社、2016年）
日本労働法学会編『企業変動における労使関係の法的課題』日本労働法学会誌127号（法律文化社、2016年）
野川忍・土田道夫・水島郁子編『企業変動における労働法の課題』（有斐閣、2016年）
山下眞弘「企業結合・消滅と労働契約関係」河本一郎ほか編『商事法の解釈と展望――上柳克郎先生還暦記念』（有斐閣、1984年）
同『会社営業譲渡の法理』（信山社出版、1997年）
同「営業譲渡と労働関係――商法学の立場から（日本労働法学会ミニ・シンポジウム）」日本労働法学会誌94号（1999年）
同『営業譲渡・譲受の理論と実際――営業譲渡と会社分割〔新版〕』（信山社出版、2001年）
同「事業譲渡・会社分割と労働契約承継の効力―会社法学からの検討」出口正義ほか編『企業法の現在――青竹正一先生古稀記念』（信山社出版、2014年）

第10章　事業承継と信託の活用

《本章の要旨》
　本章では、信託を活用した中小企業の事業承継の円滑化にむけた中小企業庁の「中間整理」を要約し、そこでの信託と会社法・民法との関係に関する議論を紹介します。その上に立って、会社法との関係で信託スキームの有効性に問題がないかを確認します。信託の基本構造については、本書**第1章**で説明してありますので、本章はその応用編という位置づけになります。なお、本章のスキーム図は《参考文献》に掲げた『中間整理』(2008年) 3頁以下の図表を一部修正して利用しています。議論となるのは、本章の最後**4**の項目です。

1　信託の活用

(1)　遺言代用信託
①　その具体例
　遺言代用信託を活用した事業承継スキームは、①経営者（委託者）がその生前に自社株式を対象に信託を設定し、②信託契約において自らを当初受益者とし、③経営者死亡時に後継者が受益権を取得するという内容を定めるというものです。

[図表1] スキーム1：遺言代用信託を利用した自益信託スキーム

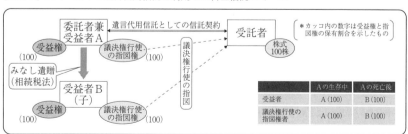

[図表2] 信託要項のイメージ

信託目的	（円滑な事業承継による企業価値の維持・向上を目的とする）株式の管理
委託者兼当初受益者	中小企業経営者A
受益者	中小企業の後継者B
議決権の行使	委託者相続発生前：委託者兼当初受益者の指図に従い、受託者が行使する 委託者相続発生後：後継者の指図に従い、受託者が行使する
信託財産	自社株式
信託の変更	原則不可
受益権の譲渡・担保提供	原則不可とするが、一定の事由に該当する場合で受託者が承諾した場合は可。
信託の終了事由	後継者（受益者）の死亡等

② メリット

（ⅰ）経営者は、自己の生存中は引き続き経営権を維持しつつ、あらかじめ自身の死亡時に後継者たる子が受益権を取得する旨を定めることで、経営者が見込んだ後継者に確実に経営権を取得させることができます。

（ⅱ）自社株式を対象に信託を設定することで、受託者が株主として当該自社株式を管理することになるため、その後に経営者が第三者へその自社株式を処分してしまうリスクを防止することができ、後継者は確実に事業承継を受けることができます。

（ⅲ）後継者は、経営者の相続開始と同時に「受益者」となるため、会社には経営上の空白期間が生じないなどのメリットもあります。

[図表3] 遺言と信託の比較

	遺言	遺言代用信託
後継者地位の安定性	後継者に自社株式を相続させる旨の遺言を作成していたとしても、いつでも撤回することができるので、後継者の地位が安定しない。	信託契約において、経営者たる委託者が受益者変更権を有しない旨を定めれば、後継者が確実に受益権を取得することができ、その地位が安定する。 （注）後継者を変更する場合には、関係者の同意が必要になる

		ことに注意が必要。
事業承継の確実性・円滑性	後継者に自社株式を相続させる旨の遺言があっても、当該遺言に矛盾する遺言が存在するなどのリスクがあるため、遺言の執行（株主名簿の名義書換等）には、ある程度の期間が必要であり、経営の空白期間が生じるおそれがある。 （遺言執行の流れ） ①相続人・受遺者へ執行者就任・就任通知 ②遺言書の開示 ③財産目録の作成 ④遺言執行 ※執行完了まで時間がかかる	経営者の死亡により、信託契約の定めに基づいて当然に後継者が受益権を取得するため、経営の空白期間が生じることなく、事業承継を行うことができる。 ※信託を設定すると、自社株式の所有権及び管理権が信託銀行等に移転することから、仮に受益者の変更等を行う場合については、常に受託者である信託銀行等による一元的管理が可能（遺言のように同一財産を複数の者に相続させる等の矛盾した遺言はあり得なくなる）。

（ⅳ）上記スキーム１の応用型として、下記スキーム２のように、受益権を分割して非後継者（受益者Ｂ）の遺留分に配慮しつつ、議決権行使の指図権を後継者（受益者Ｃ）のみに付与することで議決権の分散を防止し、後継者への安定的な事業承継を図ることも可能となります。

［図表４］スキーム２：遺言代用信託を利用した自益信託スキーム

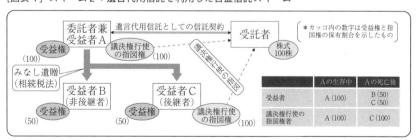

上記スキーム２のように、自社株式を対象に信託を設定し、複数の受益者のうち特定の者に議決権行使の指図権を付与すれば、遺言や遺産分割により株式自体を相続する場合と比較して、議決権の分散化防止に役立ちます。

[図表5] 株式相続と信託の比較

	株式それ自体の相続	遺言代用信託などの信託
議決権の分散化	遺留分を考慮すると、一般的に分散化が進展する可能性が高い。	【スキーム2】の場合、信託契約において各相続人を受益者と定めて遺留分に配慮しつつ、後継者のみを議決権行使の指図権者と指定することで、議決権の分散化を回避することができ、スムーズな事業承継を図ることができる。

（2） 他益信託

① その具体例

他益信託を利用した事業承継スキームは、経営者（委託者）が生前に、自社株式を対象に信託を設定し、信託契約において後継者を受益者と定めるものです。

[図表6] スキーム3：他益信託を利用したスキーム

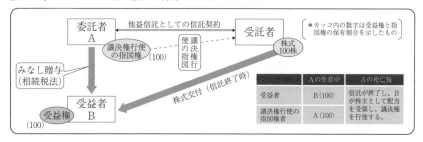

[図表7] 信託要項のイメージ

信託目的	（円滑な事業承継による企業価値の維持・向上を目的とする）株式の管理
委託者	中小企業経営者A
受益者	中小企業の後継者B
議決権の行使	委託者の指図に従い、受託者が行使する
信託財産	自社株式
信託の変更	原則不可
受益権の譲渡・担保提供	原則不可とするが、一定の事由に該当する場合で受託者が承諾した場合は可。
信託の終了事由	委託者の死亡等

② メリット
（ⅰ）経営者が議決権行使の指図権を保持するため、経営者は引き続き経営権を維持しつつ、自社株式の財産的部分のみ後継者に取得させることができます。
（ⅱ）信託契約において、信託終了時に後継者が自社株式の交付を受ける旨定めておけば、後継者の地位を確立することができるため、後継者は安心して経営に当たることができます。
（ⅲ）信託終了時についても、経営者の意向に応じた柔軟なスキームを構築することができます。
（ⅳ）種類株式の発行によることでも、信託スキームを活用した場合と同様の効果が得られるともいえそうですが、会社法上の制度を利用する上で、問題もあります。たとえば種類株式を発行するには、株主総会の特別決議が必要です。拒否権付株式は、後継者の意思で行った株主総会の決議を拒否することができるにとどまり、積極的に会社の意思決定をすることができないという制約があります。

[図表8] 信託と種類株式の比較

	信託スキーム	種類株式の発行
手続面	契約当事者間の契約手続のみ。	株主総会での特別決議・特殊決議、登記（種類株式の内容等）等が必要。既存株式の種類を変更するには、全株主の同意が必要。
意思決定	積極的に会社の意思決定をすることができる。	拒否権付株式を発行すると、積極的に会社の意思決定をすることができない（＝デッドロックに陥る）おそれ。
相続発生時	委託者が死亡しても信託契約は継続可能。	遺言による後継者への拒否権付株式を後継者以外の者が取得することのないような手当が不可欠（遺言の作成や経営者の生前に消却するなど）。

（3） 後継ぎ遺贈型受益者連続信託

① その具体例

後継ぎ遺贈型受益者連続信託を利用した事業承継スキームは、経営者（委託

者）が自社株式を対象に信託を設定し、信託契約において後継者を受益者と定めつつ、当該受益者たる後継者の死亡によりその受益権が消滅し、次の後継者が新たな受益権を取得するという内容を定めるものです。

[図表9] スキーム4：後継ぎ遺贈型受益者連続信託

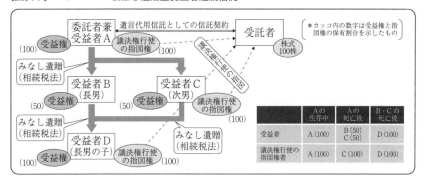

[図表10] 信託要項のイメージ

信託目的	（円滑な事業承継による企業価値の維持・向上を目的とする）株式の管理
委託者兼当初受益者	中小企業経営者A
受益者	第2受益者：長男B及び次男C　第3受益者：長男の子D
議決権の行使	委託者相続発生前：委託者兼当初受益者の指図に従い、受託者が行使する 委託者相続発生後：後継者Cの指図に従い、受託者が行使する 後継者C相続発生後：次の後継者Dの指図に従い、受託者が行使する
信託財産	自社株式
信託の変更	原則不可
受益権の譲渡・担保提供	原則不可とするが、一定の事由に該当する場合で受託者が承諾した場合は可。
信託の終了事由	信託契約期間の満了（30年間）等
第2受益者以降の死亡等	委託者死亡前の第2受益者の死亡、第2受益者死亡前の第3受益者の死亡、受益の放棄があった場合の受益者の繰上げ等については、委託者のニーズを踏まえて信託契約に明記。

② メリット

（ⅰ）経営者の中には、子の世代だけではなく、孫の世代の後継者についても自分の意思で決定したいというニーズがあり、それに対応できます。

（ⅱ）次男を後継者とするが、次男の子には経営の資質がないので、長男の子に事業を承継させたいというようなニーズにも対応できます。

（ⅲ）スキーム4のように、議決権行使の指図権は後継者たる次男に取得させつつ、受益権を分割して非後継者たる長男に取得させることで遺留分にも配慮し、BおよびCの死亡後はBの子（経営者の孫）が完全な受益権を取得するというスキームも可能となります。

2　信託活用と民法

下記のスキームを前提として、民法に関する論点を整理します。

[図表11] 遺言代用信託による受益者連続信託

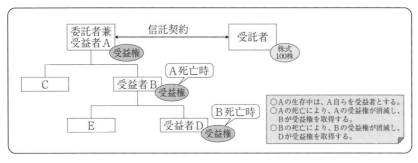

[図表12] 遺言代用信託でない受益者連続信託

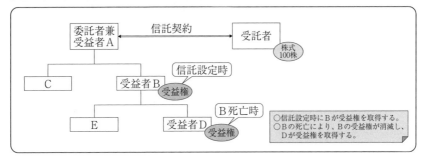

（1） 相続財産・遺留分算定基礎財産

① Aの死亡時

受益者BおよびDが取得する受益権は、Aからの遺贈または贈与に準じて、民法903条を類推適用し、Aの相続財産および遺留分算定基礎財産に算入されると解されます。受益権の取得の法的性質が、遺贈、死因贈与、生前贈与のいずれであるかについては、遺言代用信託か否か、委託者が受益者変更権を有するか否かという観点から、以下のように整理することができます。

[図表13] 遺言代用信託による受益者連続信託

[図表14] 遺言代用信託でない受益者連続信託

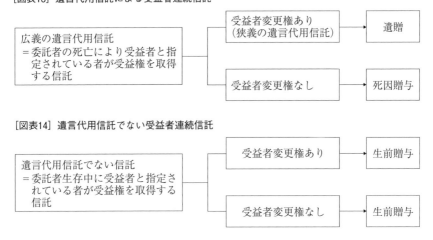

② Bの死亡時

Bの受益権は、その死亡により消滅します。また、Dの受益権の取得は、B

からの遺贈または贈与に類すると評価することはできないため、BおよびDの受益権は、Bの相続財産・遺留分算定基礎財産に算入されないと考えられます。

（2） 遺留分減殺請求の対象、相手方および効果

遺留分減殺請求の対象、相手方および効果については、下表のとおり整理できます。

[図表15] 遺留分減殺請求の整理

対象	信託行為	①受託者への財産権の移転 ②受益者による受益権の取得
相手方	受託者・受益者の双方	
効果	受託者を相手方とする場合 　…信託財産たる株式の全部又は一部（共有持分）が減殺請求者に移転し、受託者は当該株式の全部又は一部の現物返還義務を負う。ただし、受託者は、価額弁償を選択することにより、現物返還義務を免れることができる。 受益者を相手方とする場合 　…受益権の全部又は一部（共用持分）が減殺請求者に移転し、受益者は、原則として当該受益権の全部又は一部の現物返還義務を負う。ただし、受益者は、価額弁償を選択することにより、現物返還義務を免れることができる。	

① 遺留分減殺請求の対象

その対象は、法律行為としての信託行為ですが、「受託者への財産権の移転」と「受益者による受益権の取得」の両面を捉える必要があります。

② 相手方

「受託者」は、法律行為としての信託の相手方で、信託財産の所有権を取得しその管理処分権を有することから、相続財産の管理処分権を有する遺言執行者に類似する地位にあり、受託者を遺留分減殺請求の相手方とする必要があるといえます。「受益者」は信託行為により直接利益を享受する者ですから、信託行為の「受益権の取得」という面を捉え、受益者も遺留分減殺請求の相手方とすることができるといえます。

③ 効果

民法のとおり原則として、受託者が相手方の場合は信託財産である株式、受益者が相手方の場合は受益権の返還ということになります。ただし、信託財産たる株式や受益権の現物返還をすると、株式の分散を防止して事業承継を円滑化するという信託契約の目的に適合しなくなるおそれがあります。そこで、受託者・受益者は、現物返還に代えて価額弁償をするという途もあります。

3 信託活用と会社法

(1) スキーム1

受益者と議決権行使の指図権者が同一人ですから、特に会社法上の問題は生じないといえます。

(2) スキーム2からスキーム4

非公開会社においては、議決権について株主ごとの異なる取扱いを定めることが認められており（109条2項）、配当請求権等の経済的権利と議決権を分離することも許容されていますから、複数の受益者のうちの特定の者に議決権行使の指図権を集中させても、会社法上の問題は生じないといえます。

4 会社法との関係で生じる議論

これまでの第1から第3の解説は中小企業庁「中間整理」による説明の要旨ですが、会社法との関係で、公開会社・上場会社についても同様と理解して問題がないかどうか、ここで詳しく検討します（問題点の整理については、中田直茂「事業承継と信託」ジュリスト1450号（2013年）21頁参照）。

(1) 自益権と共益権の分属

事業承継に係る信託では、経営権を特定の者に集中させるため、議決権行使の指図権を一部の後継者に与えることになりますが、それは実質上、自益権と共益権を分属させることとなって、会社法上の株式の本質に反しないかが問われます。会社法違反となれば、信託自体が無効という結果を招かないかが問題となります。

（2） 非公開・中小会社の場合

　非公開会社の事業承継のために信託を活用する場合は、問題がないと説明しやすいでしょう。非公開会社では議決権について株主ごとに異なる取扱い（属人的定め）が認められており（109条2項）、配当請求権という経済的利益と議決権の分離が許容されているため、特定者に議決権行使の指図権を集中させても問題がないと一般に説明されます。

（3） 公開・上場会社の場合

　これに対して公開・上場会社は、株主平等原則（109条1項）が貫かれており、非公開会社におけるような属人的な例外規定（109条2項）がありません。そこで、株式の信託において、実質的とはいえ自益権と共益権を分属させることが有効になしうるのかが問われるわけです。議論のあるところですが結論的には、有効と解するのが一般的な理解のように見受けられます。その理由は、以下のとおりです。

　株主に対しその持株数に応じて議決権を与えるというのは、私人間の契約の効力を否定するほど絶対的な要請ではないと理解したうえで、あくまでも「信託は私人間の取決め」であり、それと同じく、会社法の強行規定と異なる内容を「株主間契約」によって定めることは、民法90条違反などがなければ、当事者の自由意思にまかせればよいと説明されるのです。これは、信託による取決めは、会社に対し効力を有する定款で定めるのとは別であるとの理解を前提としています。

　そして、信託による自益権と共益権の分属についても、議決権行使の指図権を委託者が保有しつつ株式を信託し、受益者と（委託者である）指図者を別人とするスキームについて、同じ経済的効果は、株主が第三者との間で株式の経済的利益のみを譲渡するという契約を締結することで達成できます。信託を利用することによって、その目的を確実にすることができるだけといえるわけで、信託により自益権と共益権の帰属を実質的には別々にすることが会社法に違反するわけではないと結論されます。本章で参考とした中田論文およびそこで引用された研究者および実務家の諸見解も同様の理解をされます。したがって、取引安全等の特段の要請がなければ、原則として実務上も、このような理解に立って処理すればよいということになります。

(4) 実質的理由の補足

　以上の一般形式的な理由の説明に加え、1点追加するとすれば実質上の理由も根拠となりそうです。すなわち、仮に、形式的に会社法や民法に抵触するという理由で、信託による自益権と共益権の実質的分属を否定すれば、信託は成立せず信託のメリットを享受することも許されない結果となり、無視できない不利益が生じます。信託制度を最大限に有効利用するためにも、信託による自益権と共益権の実質的分属を肯定すべきということになります。これが実質的理由です。

　なお、これと同様の結論を導く見解として、公開・上場会社であっても、事業承継目的の議決権信託における株主は受託者1人であり、受託者という株主が、その株主としての議決権を行使しているに過ぎないから、株主平等原則に反しないとする説明もみられます（後掲参考文献『民事信託の理論と実務』238頁〔岸本雄次郎〕）。

《参考文献》
新井誠・大垣尚司編著『民事信託の理論と実務』（日本加除出版、2016年）
木内清章・谷田尚共著『事業継承と信託――事業信託の展開と信託税務』（ビジネス教育出版社、2009年）
岸田康雄『信託＆一般社団法人を活用した相続対策ガイド――図解でなっとく！』（中央経済社、2015年）
長崎誠・竹内裕詞・小林曽正人・丸山洋一郎編著『事業承継・相続対策に役立つ家族信託の活用事例』（清文社、2016年）
中小企業庁『信託を活用した中小企業の事業承継円滑化に関する研究会「中間整理」』（2008年）

索　引

あ　行

後継ぎ遺贈型受益者連続信託 ……… 21, 170
遺言執行者 ………………………………… 11, 12
遺言代用信託 ………………………………… 20, 166
　　──でない受益者連続信託 ……… 173
　　──による受益者連続信託 ……… 172
遺言と信託の比較 ……………………………… 167
遺産の共有 ……………………………………… 109
遺産分割 ………………………………………… 109
　　──協議 ……………………… 116, 126, 132
一身専属的な権利 ……………………………… 123
一般社団法人 …………………………………… 15
遺留分 …………………………………………… 7, 10
　　──減殺請求 ……………………………… 174
　　──算定 …………………………………… 20
　　──請求への対策 ………………………… 1
　　──の事前放棄 …………………………… 20
　　──の侵害 ………………………………… 144
医療法人 ………………………………………… 8
営業主体の変更 ………………………………… 149
営業譲渡 ………………………………… 26, 47, 60
円滑な事業承継 ………………………… 118, 126
黄金株 …………………………………………… 9

か　行

外観理論 ………………………………………… 76
会社の合併 ……………………………………… 147
会社の同意 ……………………………………… 137
会社分割 ………………………………………… 76
　　──と事業譲渡（事業譲渡と会社分割）
　　　　　　　　　　　　 61, 70, 146, 161, 163
　　──の対象 ………………………… 49, 50, 64
　　──の当事会社 ………………………… 69
　　──無効の訴え ……………………… 155, 156
　　──無効の提訴資格 …………………… 156
会社法と労働法 ………………………………… 160
会社法の使用人規制 …………………………… 159

価格決定の手続 ………………………………… 41
買取口座制度 …………………………………… 39
買取請求の撤回制限 …………………………… 40
株価算定方式 ………………………………… 8, 143
株　式 …………………………………… 123, 126
　　──買取請求権 …………………… 24, 37
　　──信託 ………………………………… 133
　　──相続と信託の比較 …………………… 169
　　──の共有 ………………………………… 6
　　──の相続 …………………………… 116, 125
　　──の分散防止策 ………………………… 142
株主平等原則 …………………………………… 176
可分債権 ………………………………… 108, 120
簡易事業譲渡 …………………………… 54, 55
簡易事業譲受 …………………………………… 36
完全親子会社 …………………………………… 33
監督是正権 ……………………………………… 138
企業の社会的責任論 …………………………… 159
議決権行使の指図権 ………………… 175, 176
議決権の不統一行使 …………………………… 133
競業避止義務 …………………… 29, 48, 51, 62, 66
共同相続 ………………………………………… 117
　　──財産 ………………………………… 119
　　──された株式 …………………………… 115
共有・合有 ……………………………………… 106
共有株式の議決権行使 ………………………… 141
共有株式の権利行使 …………………………… 103
共有関係の解消方法 …………………………… 13
共有者間の協議と意思統一 …………………… 141
共有の内部関係 ………………………………… 137
金　銭 …………………………………………… 107
　　──債権 ……………………………… 108, 110
禁反言の法理 …………………………………… 76
偶発債務の遮断 ………………………………… 25
経営委任契約 …………………………………… 27
経営承継円滑化法 ……………………………… 142
経営理念 ………………………………………… 4
経過措置 …………………………… 32, 40, 41, 43, 44

形成権説 …………………………………… 93
決議取消訴訟 ……………………………… 138
現　金 ……………………………………… 107
現物出資 ………………………………… 32, 62
権利行使者の権限 ……………… 127, 129-131
権利行使者の選定 ………………………… 117
権利行使者の指定 ……………… 129, 131, 132
　──と通知 ……………………………… 127
権利の濫用 ………………………………… 135
公正証書遺言 ……………………………… 11
公正な価格 ……………………………… 38, 42
子会社株式等の譲渡 ……………………… 31
国　債 ……………………………… 111, 112

さ 行

債権回収会社 ……………………………… 90
債務の履行の見込み …………… 69, 88, 164
詐害会社分割 ……………………………… 78
詐害行為取消権 …… 83, 84, 91, 93, 97, 99, 101
詐害性の認定 ……………………………… 84
詐害的な会社分割・事業譲渡 …… 71, 73, 78, 85, 86
指図権 ………………………………… 14, 16
残存債権者 …………………………… 71, 88
死因贈与（契約） ………………………… 11
自益権と共益権の分属 …………… 175, 176
自益信託 …………………………………… 166
事業が移転する場合 ……………………… 147
事業承継の形態 …………………………… 2
事業承継の方法 …………………………… 2
事業譲渡 ………………… 26, 28, 47, 60, 62, 75
　──等に係る指針 ……………………… 164
　──と会社分割の相違点 ………… 52, 151
　──と資産譲渡 ………………………… 25
　──と労働契約承継 …………………… 161
　──の無効 ……………………………… 34
　清算中の── …………………………… 34
事業性 ………… 52, 61, 64, 65, 89, 146, 147, 151
事業全部の経営委任 ……………………… 147
事業全部の賃貸借契約 …………………… 27
事業に関して有する権利義務 ……… 65, 68

事業の一部譲渡 …………………………… 150
　──命令 ………………………………… 34
事業の重要な一部（譲渡の判断基準）… 29, 53, 55
事業の全部譲渡 …………………………… 150
事業の賃貸 ………………………………… 147
事後設立 …………………………………… 28
事実関係 …………………………… 47, 146
自筆証書遺言 ……………………………… 11
社　債 ……………………………………… 110
受益権 ……………………………………… 14
準共有 ……………………………… 122, 123, 126
　──説 …………………………………… 114
純資産価額方式 …………………………… 42
商行為 ……………………………………… 65
商号続用者責任規定 ……………………… 67
少数派の保護 ……………………………… 133
譲渡担保 …………………………………… 32
使用人 ……………………………………… 159
除斥期間 …………………………………… 79
信託と種類株式の比較 …………………… 170
ステークホルダー ………………………… 159
請求権説 …………………………………… 93
生前贈与 ……………………………… 7, 9, 10
絶対効説 …………………………………… 156
総会決議の瑕疵 …………………………… 138
総会の定足数 ……………………………… 141
相続株式の当然分割 ……………………… 6
相続財産の共有 …………………………… 108
相続時精算課税制度 ……………………… 17
相続による共有 …………………………… 106
相続人等に対する売渡請求 ………… 8, 19
相対効説 …………………………… 156, 157
相対的無効 ………………………………… 157
属人的定め ………………………………… 176
租税特別措置法 …………………………… 17
損益共通契約 ……………………………… 27
損益通算 …………………………………… 18

た 行

大会社の株式 ……………………………… 125

代替性のある労働者 ················ 150	名義株 ································ 10
第二会社方式 ······················· 74	免責登記 ···························· 75
他益信託 ··························· 169	持株会社 ····························· 9
中小企業におけるM&A ·············· 3	持分会社 ··························· 121
定額郵便貯金債権 ·················· 110	持分評価 ····························· 8

や　行

定款自治 ··················· 30, 57, 58	
倒産時の事業譲渡 ·················· 162	屋号の続用 ························· 79
投資信託 ··························· 112	預　金 ···························· 119
──受益権 ················· 111, 113	──に関する銀行実務 ············ 104
当然分割 ······················ 109, 124	

ら　行

──説 ··························· 114	
特別支配会社 ······················· 40	略式事業譲渡 ······················· 36
特別支配株主 ······················· 19	──・譲受 ························ 35

な　行

労働契約承継に係る指針 ············· 22
労働契約承継の無効 ················ 155

日本IBM事件 ·············· 152, 160, 163	労働契約承継法 ········ 22, 72, 148, 160

は　行

	──に係る規則・指針 ············ 164
	労働契約の承継 ···················· 148
配当等還元方式 ····················· 42	労働者 ···························· 159
標　章 ···························· 80	──との事前協議 ················ 158
部分的包括承継 ················ 63, 147	──の異議申立権 ················ 160
分離課税制度 ······················· 18	──の同意 ······················ 148
閉鎖的な会社 ······················ 125	──の引継 ······················ 148

数字、A−Z

便宜扱い ··························· 110	
包括承継 ······················ 149, 160	5条協議 ················· 153, 154, 164
法人格否認の法理 ··········· 93, 94, 160	7条措置 ······················ 153, 154
法定相続人の遺留分割合 ············ 143	EBO ······························· 4
法定の責任 ························· 82	M&A ···························· 5, 60

ま　行

MBO ······························· 4

民法特例 ······················ 1, 7, 142	
民法の共有規定 ···················· 134	

著者紹介

山下　眞弘（やました　まさひろ）

〔略　歴〕
　島根大学教授、立命館大学教授および大阪大学教授
　を経て、現在、弁護士・名古屋学院大学法学部教授
　日本私法学会理事および信託法学会理事を歴任
　関西大学博士（法学）・大阪大学名誉教授

〔主　著〕
　『会社営業譲渡の法理』（信山社出版、1997年）
　『国際手形条約の法理論』（信山社出版、1997年）
　『営業譲渡・譲受の理論と実際——営業譲渡と会社分割〔新版〕』（信山社出版、2001年）
　『会社訴訟をめぐる理論と実務』（共編著、中央経済社、2002年）
　『税法と会社法の連携〔増補改訂版〕』（共編著、税務経理協会、2004年）
　『中小企業の会社法・実践講義』（税務経理協会、2006年）
　『やさしい商法総則・商行為法〔第3版〕』（法学書院、2006年）
　『はじめて学ぶ企業法』（法学書院、2006年）
　『やさしい手形小切手法〔改訂版〕』（税務経理協会、2008年）
　『会社法の道案内——ゼロから迷わず実務まで』（編著、法律文化社、2015年）ほか

Horitsu Bunka Sha

会社事業承継の実務と理論
―― 会社法・相続法・租税法・労働法・信託法の交錯

2017年2月25日 初版第1刷発行

著 者 山下 眞弘（やました まさひろ）
発行者 田靡 純子
発行所 株式会社 法律文化社

〒603-8053
京都市北区上賀茂岩ヶ垣内町71
電話 075(791)7131 FAX 075(721)8400
http://www.hou-bun.com/

＊乱丁など不良本がありましたら、ご連絡ください。
　お取り替えいたします。

印刷：亜細亜印刷㈱／製本：㈱藤沢製本
装幀：谷本天志

ISBN 978-4-589-03811-1

Ⓒ2017 Masahiro Yamashita Printed in Japan

JCOPY 〈(社)出版者著作権管理機構 委託出版物〉

本書の無断複写は著作権法上での例外を除き禁じられています。複写される場合は、そのつど事前に、(社)出版者著作権管理機構（電話 03-3513-6969、FAX 03-3513-6979、e-mail: info@jcopy.or.jp）の許諾を得てください。

山下眞弘編著
会社法の道案内
―ゼロから迷わず実務まで―
Ａ５判・200頁・1900円

学生だけでなく、実務で会社法の修得が必要な人のために改正法の全体像と実務に役立つ基礎知識を整理。学習課題の確認、「キーワード」や「一歩先に」、「Q&A」など具体的に考える素材を提供する。協同組合等の組織にも言及。

藤田勝利・北村雅史編
プライマリー会社法〔第４版〕
Ａ５判・350頁・2900円

制度の概要と会社法の全体像を理解するうえで定評のある教科書の改訂版。論点やコラムで本文の説明を補足し、アクセントを与える。2014年改正に対応して記述を見直しつつ、第３版刊行以降の重要判例等を盛り込んだ。

高橋英治編
設問でスタートする会社法
Ａ５判・256頁・2300円

設問を解きながら会社法の全体像を理解していく新しいタイプの教科書。会社法の前提知識がない人にも理解できるよう設問や叙述に配慮。学部期末試験やロースクールの入学試験だけでなく、公務員試験や各種資格試験にも対応。

北村雅史・高橋英治編
［藤田勝利先生古稀記念論文集］
グローバル化の中の会社法改正
Ａ５判・474頁・9800円

会社法改正の二つの柱である「企業統治」と「親子会社」に関する諸問題の実務的・比較法的検討を通じて、日本の会社法制がグローバル化のなかでどのように変容しているのかを論究する。

河合正二著
グループ経営の法的研究
―構造と課題の考察―
Ａ５判・200頁・3800円

新会社法の制定（2005年）がグループ経営の形態におよぼす影響を法的に考察・検討し、円滑なグループ経営へ向けての法整備を展望する。著者の研究の軌跡を一冊にまとめ、その理論的到達点を示す。

―法律文化社―

表示価格は本体（税別）価格です